MARCO POLO

BERLIN

FÜR BERLINER

BESTE STADT DER WELT!

Food und Feiertipps für alle Lebenslagen

mit Insider Tipps

Inhalt

Ausgehen, Essen, Feiern für Berliner

ALLTAGSHELDEN VON MONTAG BIS FREITAG

WOCHENENDE – FEIERALARM!

WOCHENENDE – GANZ GEDIEGEN

UNTERWEGS MIT …

FÜR WELCHEN HUNGER DARF'S WAS SEIN?

MEHR ALS NUR ESSEN!

€€€ Exklusive Adresse
(goldene Kreditkarte mitnehmen!)

ALLTAGS-HELDEN VON MONTAG BIS FREITAG

FRÜH-STÜCK

... bitte einpacken, das Büro wartet nicht

AUFGEBREZELT

An Bäckern, die tatsächlich noch ihr Handwerk ausüben und nicht nur Rohlinge aus China aufwärmen, herrscht in Berlin ein schon legendär zu nennender Mangel. Die Brezel Company backt nicht nur selbst, sondern tischt die frische Ofenware auch als Frühstück auf, etwa »Italienisch« mit Schinken und Ricotta. Für Eilige: Brezeln mit Kürbiskernen, Käse oder Schnittlauch mit Frischkäse in die Tüte und los!

➔ BREZEL COMPANY

Neukölln | **www.brezel-company-berlin.de | tgl. 6–19 Uhr | Lenaustr. 10 | Tel. 030 61 24 181**
Schöneberg | **tgl. 7–20 Uhr | Kalckreuthstr. 16**

CEREALIEN-ALARM

Cornflakes in die Schüssel, Milch drauf, fertig? Das ist vielleicht in Wuppertal okay. In Berlin geht das so: »Eine Super-Bowl mit Cap'n Crunch, Cheerios und Smacks mit Haselnuss-flavoured Hafermilch, Früchten und Peanutbutter-Topping, bitte«. Dass es mit dem Frühstück danach trotzdem schnell geht, ist dann Ihre Verantwortung. 130 nationale und internationale Cornflakes-Marken plus Milchvarianten und Extras hat der hippe Laden am Hackeschen Markt in petto.

➔ FLAKES CORNER

Mitte | **www.flakes-corner.com | tgl. 10–18 Uhr | Neue Promenade 8 | Tel. 030 83 21 55 77**

ZEIT IST GELD

Gute Nachrichten für Eilige: Im Be'kech wird nicht pro Kaffee und Müslischüssel bezahlt, sondern pro Minute. Die kostet fünf Cent – wer das ins ehemalige Casino gezogene Nachbarschaftsprojekt mit orientalischem Einrichtungsstil unterstützen möchte, darf auch was drauflegen. Freelancer, die schnabulieren sowie WLAN und Drucker nutzen wollen, nehmen den INSIDER TIPP Tagespass für 15 Euro (Monatspass: 220 Euro).

➔ BE'KECH ANTI CAFÉ

Gesundbrunnen | **www.bekech.com | Mo 9–19, Di–Do 9–24, Fr 9–1, Sa 11–1, So 11–24 Uhr | Exerzierstr. 14 | Tel. 030 84 43 26 33**

ABER BITTE MIT SAHNE!

Nur weil Dienstag ist, heißt das noch lange nicht, dass im Vanillequark mit Früchten nicht ein bisschen Sahne sein darf. Und im Quinoa-Porridge Schokolade. Und auf dem knusprigen Vollkorn-Ciabatta mit Ziegenkäse dieser leckere Feigensenf. Bei Fräulein Dickes wird alles von Hand und mit Liebe gemacht. Schlecht ist nur, dass nach diesem Frühstück kein Platz mehr für die traumhafte Milchreistorte im Magen bleibt. Da müssen Sie wohl wiederkommen.

➔ FRÄULEIN DICKES

Prenzlauer Berg | **www.frauleindickes.de | Mi–Sa 8–18, So ab 10 Uhr | Stargarder Str. 60 | Tel. 030 77 90 49 00**

Gönn's dir

Man soll ja frühstücken wie ein Kaiser – oder Fräulein Dickes

CROISSANTS FÜR FRÜHAUFSTEHER

Fans sind überzeugt: Bullys Bakery macht die besten Croissants der Stadt! Das mag daran liegen, dass die Neuköllner Bistro-Bäckerei auf hausgemachte Backkreationen spezialisiert ist. Kaffee in allen Varianten gibt es natürlich dazu. Zudem lässt das Team seinen Fantasien gerne freien Lauf und überrascht etwa mit karamellisierten Guanaja-Orange-Muffins. Falls das morgens schon reingeht: Der New York Cheesecake ist der absolute Renner.

➔ **BULLYS BAKERY**

Neukölln | **www.facebook.com/Bullys-Bakery-203518423054822 | Mo–Fr 9–19, Sa, So ab 10 Uhr | Friedelstr. 7 | Tel. 01578 5093390**

PANKOWER LICHTBLICK

Mag man über die Prenzlauerbergisierung Pankows auch noch so viel hören: An schönen Frühstückscafés mangelt es weiterhin. Doch an den rustikalen Holztischen im Milchmanns ist genügend Platz für alle, die danach am Bahnhof Pankow gegenüber in die S-Bahn springen müssen. Brotliebhaber haben die Auswahl zwischen Frühstücksvarianten mit Käse, Wurst oder Süßem; zudem gibt es Ei- und Müslialternativen zu moderaten Preisen. Bagels, Croissants und Kaffee können Sie einfach mitnehmen.

➔ **MILCHMANNS**

Pankow | **www.milchmanns.de | Mo–Fr 8–18, Sa, So 10–18 Uhr | Berliner Str. 119 | Tel. 030 91423282**

Pürierte Wonne

Hummus & Friends huldigt der Kichererbse

MITTAGS-TISCH

ES GEHT UM DIE BLUTWURST

Erbseneintopf? Gulasch? Oder doch lieber Schweinekrustenbraten mit Rotkohl? Freunde herzhafter Fleischgerichte werden auf der Mittagskarte der Neuköllner Kult-Fleischerei immer fündig. Bis zu drei Gerichte werden offeriert. Und wenn Sie schon mal da sind, versorgen Sie sich gleich mit der Spezialität des Hauses für daheim: Die Blutwurst beziehen auch diverse Spitzenrestaurants der Stadt. Meister Marcus Benser wurde dafür sogar zum »Ritter der Blutwurst« geschlagen.

➔ **BLUTWURST-MANUFAKTUR**

Neukölln | www.blutwurstmanufaktur.de | Mo–Fr 8–18, Sa 8–13 Uhr | Karl-Marx-Platz 9–11 | Tel. 030 6 87 20 04

FEIN GEMACHT

Nur nicht irritieren lassen, dass es von außen nach Dönerbude aussieht: Hier ist nicht nur alles so bio, wie der Name verspricht, sondern sogar vegetarisch. Seit über zehn Jahren versorgt der gebürtige Iraner Davoud Changizi den Kiez mit gesunden Salaten, frischen Suppen und Quiche. Wer sich mittags nicht zwischen Spinatling, Kichererbsensalat und Kartoffelbouletten entscheiden kann, nimmt einen gemischten Teller (klein: 5,50, groß 7,50 Euro).

➔ **BIO FEIN BIO**

Charlottenburg | www.facebook.com/Bio-Fein-Bio-Leibniz-Str-30-216216888405486 | Mo–Fr 9–19, Sa bis 16 Uhr | Leibnizstr. 30 | Tel. 030 54 71 09 80

DIE ERBSE ALS PRINZESSIN

Der Star des Ladens sind natürlich die namensgebenden pürierten Kichererbsen, die sich als Hauptgericht zum Beispiel mit Ei oder Favabohnen kombinieren lassen: Hummus & Friends eben. Als leichterer Lunch empfiehlt sich aber auch ein Ausflug in die Welt der Tapas. Der Blumenkohl aus dem Ofen oder die Aubergine mit Tahina zum Beispiel sind sehr gut. 1993 eröffnete das erste Café der Franchise-Kette in der Jerusalemer Altstadt, seit 2015 gibt es auch eine Niederlassung in Berlin.

➔ **HUMMUS & FRIENDS**

Mitte | www.hummus-and-friends.com | tgl. 11–24 Uhr | Oranienbruger Str. 27 | Tel. 030 55 47 14 54

MITTAGSPAUSE IM LÄNDLE

Als Fan geschmälzter Maultaschen mit Spinat und Hackfleisch in Berlin gestrandet? Finja Rosebrock, die Chefin der Maultasche, serviert in ihrem hellen Laden um die Ecke vom Gendarmenmarkt schwäbische Küche mit original schwäbischen Produkten.

➔ DIE MAULTASCHE

Mitte | **www.die-maultasche.de | Mo–Sa 11–22 Uhr | Charlottenstr. 35–36 | Tel. 030 31 01 16 86**

STOPOVER IN VIETNAM

Im lauschigen Hofgarten des Hinterhofs lässt sich zwischen Büro, Meeting und wieder Büro gut abschalten. Dazu gibt es – Sie müssen ja noch denken heute – leichte Küche aus dem Norden Vietnams und erlesene Tees. Wenn Ihnen die Entscheidung schwerfällt: Zweierlei vom Huhn in roter Curry-Kokos-Creme oder warmer Reisnudelsalat mit Tofu, Koriander und Zitronengras sind lecker. Falls Sie zu den Arbeitsbienen mit Eulen-Biorhythmus gehören und alles etwas später machen als die Lerchen: Zwischen 15 und 18 Uhr ist INSIDER TIPP Teestunde, bei der auch Gebäck oder Teigtaschen aufgefahren werden.

➔ CHÉN CHÈ

Mitte | **www.chenche-berlin.de | tgl. 12–24 Uhr | Rosenthaler Str. 13 | Tel. 030 28 88 42 82**

GESUND UND GEMISCHT

Kleiner Laden, vegetarisches Essen, frische Zutaten und für Eilige gibt es das Ganze auch in Boxen zum Mitnehmen – muss man mehr sagen? Auf der wechselnden Wochenkarte stehen immer eine Suppe, zwei Haupt- und zwei Nebengerichte zur Auswahl, etwa gekochter Kürbis mit Miso-Sauce, Spinatsalat oder Tofu-Steak. Da alles so lecker aussieht, dass man sich schwer entscheiden kann, ordert man am besten gleich eine Bento-Box mit allem. Die kostet, je nach Größe, 5 bis 7,80 Euro.

➔ NUT CART

Charlottenburg | **www.nutcart.de | Mo–Fr 11–20, Sa 12–18 Uhr | Kaiserdamm 87 | Tel. 030 98 32 27 52**

FÜR ARCHITEKTUR-GOURMETS

Bis Ende der 1980er-Jahre wurden auf dem Gelände Druckmaschinen hergestellt. Heute befindet sich in dem denkmalgeschützten, verschachtelten Gebäudekomplex u. a. eine als Hipstertreff verkleidete Kantine, die Kürbis-Tarte mit Bergkäse und Hähnchengeschnetzeltes auf die Karte setzt. Etwas gewöhnungsbedürftig ist der Bestellvorgang: Beim Bezahlen wird der Vorname notiert, der dann laut durch den Raum gerufen wird, wenn das Essen fertig ist. Aber die Architektur macht diese Affigkeit wett.

➔ EX ROTAPRINT-KANTINE

Wedding | **www.exrotaprint.de | Mo–Do Frühstück 8.30–11, Mittagessen 12–16 Uhr | Gottschedstr. 4 | Tel. 030 44 04 51 24**

Leicht-gewicht

Die nordvietnamesische Küche bei Chén Chè umschifft gekonnt das mittägliche Futterkoma

SUPPENKASPER

Schnelles Mittagessen am Alex? Zum Glück sind die Grill-Walker dort nicht die einzige Alternative. Schnell, gesund und immer lecker sind die Suppen von der wechselnden Wochenkarte des Soupkultur, die mal asiatisch (Möhren mit Kokos und Cashews!) oder hausmannköstlich (Kartoffelsuppe mit Würstchen!) angehaucht sind. Wer größeren Hunger mitbringt, für den sind einfache Pasta- und Reisgerichte im Angebot. Vegetarier und Veganer sind ebenfalls bestens versorgt.

➔ SOUPKULTUR

Mitte | www.soupkultur.de | Mo–Fr 11.30–18 Uhr | Rosa-Luxemburg-Str. 7 | Tel. 030 4 26 83 19
Mitte | Mo–Fr 11.30–15.30 Uhr | Markgrafenstr. 22
Charlottenburg | Mo–Sa 12–18 Uhr | Kurfürstendamm 66
Charlottenburg | Mo–Sa 12–18.30 Uhr | Kurfürstendamm 224

UNE BAGUETTE, S'IL VOUS PLAÎT

Ein kurzer Abstecher nach Frankreich zum Mittagessen kann nie schaden. Im Le Midi werden dazu belegte Baguettes mit französischer Leberpastete, Camembert oder korsischem Schafskäse und Gerichte von der Tageskarte kredenzt. Die Quiche mit Salat für 7 Euro ist zwar nicht gerade günstig, aber sehr lecker. Wer einen Hauch Frankreich mitnehmen möchte, kann dort auch Cidre, Galettes und Patés kaufen.

➔ LE MIDI

Prenzlauer Berg | www.midi-berlin.de | tgl. 9–18 Uhr, warme Küche bis 16 Uhr | Greifenhagener Str. 17 | Tel. 030 23 91 23 07

ORANGENES TO GO

Niemand spricht gerne darüber. Aber manchmal läuft es doch auf einen Lunch am Schreibtisch hinaus. Damit der nicht allzu trostlos ausfällt, hilft ein Sandwich mit Hummus, Oliven und Feta oder ein »Protein Power«-Salat mit Linsen und Bulgur von Scoom. Die machen schon wegen ihrer quietschorangenen Verpackung gute Laune.

➔ SCOOM

Mitte | **www.scoom.de | Alexanderplatz, mittlere Ladenpassade U5, tgl. 24 Std.**
Mitte | **Friedrichstr., U-Bahn-Aufgang Ecke Georgenstr., Mo–Do 5–22 Uhr, Fr 5–So 22 Uhr durchgehend | Tel. 04541 898677**
Prenzlauer Berg | **S-Bahnhof Schönhauser Allee | tgl. 24 Std.**
Friedrichshain | **U-Bahnhof U5 Frankfurter Allee | Mo–Do 5–22 Uhr, Fr 5–So 22 Uhr durchgehend**

GUTE AUSSICHTEN

Kantinenessen im Rathaus klingt wie etwas für Leute, die sich in ihrer Freizeit gerne mal die Ohren an den Schreibtisch nageln. Aber wer erst einmal im 10. Stock angekommen ist und in den Genuss der fantastischen Aussicht kommt, erkennt, dass das hier nichts mit Sadismus zu tun hat. Solide Hausmannskost für 4–6 Euro; mittwochs ist (warum auch immer) Waffeltag. Die INSIDER TIPP Wochenkarte gibt's als Newsletter.

➔ KANTINE IM RATHAUS KREUZBERG

Kreuzberg | **www.kantine-kreuzberg.de | Mo–Fr 7–15 Uhr, Mittagessen ab 11 Uhr | Yorckstr. 4–11 | Tel. 030 2516346**

LUNCH UNPLUGGED

Dass im Michelberger die Musiker absteigen und abends im Hof auch mal Travis oder Damien Rice unplugged spielen, hat sich mittlerweile rumgesprochen. Aber wussten Sie auch, dass man dort hervorragend zu Mittag essen kann? Zwischen 12 und 14.30 Uhr gibt es saisonales Bio-Essen vom Bauern aus der Region. Ein komplettes Menü kostet 12 Euro und bietet neben Hauptgang und Dessert Suppe und Salat.

➔ MICHELBERGER

Friedrichshain | **www.michelbergerhotel.com | Mo–Fr ab 7, Sa, So ab 8 Uhr, Mittagstisch 12–14.30 Uhr | Warschauer Str. 39–40 | Tel. 030 29778590**

Bäm!

Saisonal, bio, regional – Michelberger hat's

KOFFEIN-SHOT

Ohne meinen Kaffee mach' ich nix mehr

POSER UND PURISTEN

So viel Theater um Kaffee wird sonst nirgendwo gemacht. Seine Verunreinigung mit Milch wird daher sehr ungern gesehen. In die überregionale Presse hat es der Laden geschafft, weil er mit einem Poller Kinderwagen aussperrt, stillende Mütter rausgeworfen hat (wie gesagt: keine Milch!) und Laptops in einen abgesperrten Bereich verbannt. Die einen finden das albern. Die anderen halten das für die Vollendung der Kaffeekultur.

➔ THE BARN ROASTERY

Prenzlauer Berg | www.thebarn.de | Mo–Fr 8.30–18, Sa, So 10–18 Uhr | Schönhauser Allee 8

CO-KAFFEETRINKING

Hier will man nicht die Kaffeebohne neu erfinden. Nur von bester Qualität und hervorragend geröstet soll sie sein. Dafür werden die Kaffeebauern persönlich ausgesucht; die Röstung übernimmt vor Ort eine (wer sich auskennt) Loring-Falcon-Röstmaschine. Falls Sie und Ihr Laptop für einen Nachmittag einen Büroersatz brauchen, können Sie den Kaffee an einer der INSIDER TIPP extra gebauten Arbeitsstationen auf der großen Treppe genießen.

➔ THE VISIT COFFEE ROASTERY

Kreuzberg | www.visit-coffee.com | Mo–Fr 8–19, Sa, So 9–19 Uhr | Adalbertstr. 9

WEDDINGER STERNSTUNDE

Es gibt sie noch, die Orte in Berlin, an denen man nicht an jeder Ecke hervorragenden Kaffee bekommt. Doch zum Glück hat die Müllerstraße den Coffee Star. Während Sie Ihren Café au lait (halb Filterkaffee, halb Milch – das ist eine Empfehlung!) schlürfen, können Sie der im Schaufenster aufgestellten Röstmaschine bei der Arbeit zusehen. Leider sind die paar Plätze im Café schnell belegt, aber dafür wurde ja der Mitnehmbecher erfunden (den Berliner Ökos natürlich selbst mitbringen).

➔ COFFEE STAR

Wedding | www.coffeestar.net | Mo–Fr 8–19.30, Sa 10–16 Uhr | Müllerstr. 146 | Tel. 030 45 48 28 93
Prenzlauer Berg | Mo–Fr 7–20, Sa 9–20, So 10–20 Uhr | Wörther Str. 23 | Tel. 030 47 37 85 02

FÜR ANSPRUCHS-VOLLE

In Sachen guter Kaffee gehen Yumi Choi und Kiduk Reus keine Kompromisse ein. Mit Hingabe wird hier vor allem auf die Bohnensorten Wert gelegt. Aber auch die richtige Zubereitung und die Qualität der Maschinen sind entscheidend. Diesen hohen Anspruch an Kaffeegenuss teilen mit den Berlinern auch Gäste aus aller Welt, die gern in die gemütliche Kaffeerösterei in unmittelbarer Nähe zum Mauerpark kommen.

➔ BONANZA COFFEE ROASTERS

Prenzlauer Berg | www.bonanzacoffee.de | Mo–Fr 8.30–18, Sa, So 10–18 Uhr | Oderberger Str. 35

KEIN THEATER KANN AUCH GUT SCHMECKEN

Ein Beweis, dass Kaffee auch hervorragend sein kann, ohne dass man viel Theater darum macht. Auch sonst legt der sympathische Familienbetrieb sich ordentlich ins Zeug: Kuchen und zehn Sorten Bagels werden jeden Tag selbst gebacken. Ein Traum ist das gegrillte Bananenbrot mit Vanillejoghurt und Honig. Das bekommt zwar keinen Fitnesspreis, ist aber unverschämt lecker.

➔ A. HORN

Kreuzberg | www.kaffee-ahorn.de | tgl. ab 9 Uhr | Carl-Herz-Ufer 9 | Tel. 030 60 05 98 88

DON'T CALL IT CAFÉ!

Café? Das ist was für Omas! Shawn Barber and Chris Onton lieben Kaffee so sehr, dass sie ihren Laden sogar als *Café Showroom* bezeichnen. Nicht nur Kaffee, sondern auch Tee steht im Mittelpunkt ihrer Arbeit; beide gelten auf ihrem Gebiet als absolute Experten. Angeschlossen an den Showroom, der sich im Voo Store befindet, ist auch ein Tee- und Kaffeeverkauf.

➔ COMPANION COFFEE

Kreuzberg | www.companioncoffee.com | Mo–Sa 10–19 Uhr | Oranienstr. 24

Is' gut so!

Ohne Show, dafür mit viel Geschmack serviert man bei A. Horn Kaffee

AFTER-WORK-FUTTER

Selber kochen? Bin doch nicht blöd

NAHER OSTEN AUF DEM TELLER

Treffen sich ein Israeli und ein Palästinenser in Berlin und beschließen, gemeinsam in die Gastronomie einzusteigen. Fertig ist die Geschichte des Kanaan. Im rustikalen, improvisierten Ambiente servieren Oz Ben David und Jalil Debit nun vegetarische und vegane Spezialitäten aus dem Nahen Osten. Falls Ihnen auf Anhieb der Unterschied zwischen Masabacha und Hummshuka nicht so klar sein sollte, erklären die ausdauernden Kellner das gerne genau. Für welche der Hummusvarianten Sie sich auch immer entscheiden: Sie schmecken alle hervorragend.

➔ KANAAN

Prenzlauer Berg | www.kanaan-berlin.de | Di–So 12–22 Uhr | Kopenhagener Str. 17 | Tel. 0176 22 58 66 73

AYURVEDISCH MIT GARTEN

Die guten und traditionell tibetanisch-nepalesischen Gerichte lassen auch Nepals Diplomaten in Berlin regelmäßig vorbeischauen. Hier kommt die »buddhistische Küche Asiens« – auch thailändische Rezepte – ayurvedisch mit Koriander und Kardamom gewürzt auf den Tisch. Natürlich darf der übliche Klüngel mit buddhistischen Figuren und Holzmasken an den Natursteinwänden nicht fehlen. Schön ist der Winter- und Hofgarten.

➔ BUDDHA HAUS

Schöneberg | www.buddhahaus.com | tgl. 12–24 Uhr | Akazienstr. 27 | Tel. 030 70 50 99 59

ASIEN GOES BURGER

Der Trend in Berlin geht zum vegetarisch-veganen Vietnamesen. Um sich etwas davon abzuheben, mischt das Ryong noch japanische Elemente unter und serviert das Ganze in großen Suppenschüsseln, als Wrap oder Burger. Letztere sahen noch nie so gesund aus wie in der Variante mit gedämpftem Bao-Brötchen im Spinat-Tempuramantel mit Tomaten, Maiskörnern und Edamame statt Pommes. Der Knaller!

➔ RYONG

Prenzlauer Berg | www.ryong.de | Mo–Sa 12–23, So 14–23 Uhr | Torstr. 59 | Tel. 030 30 30 70 47

TISCH MIT GRILL

Der Hit in dem Kreuzberger Szenerestaurant sind Gerichte, die auf dem gusseisernen Tischgrill zubereitet werden. Dabei wird das Fleisch nach koreanischer Art mit der Schere in kleine Häppchen zerteilt und mit Saucen, Reis und gedämpftem Gemüse angerichtet. Kreatives Design im Container-Style.

➔ KIMCHI PRINCESS

Kreuzberg | www.kimchiprincess.com | tgl. 12–22.30 Uhr | Skalitzer Str. 36, Eingang in der Manteuffelstr. | Tel. 0163 4580203

ESSEN BAUEN

Man nehme alle Küchen Asiens, mische sie bunt durcheinander und serviere sie im Baukastensystem: Fertig ist dieser kleine Laden direkt am Lausitzer Platz. In die großen Schüsseln mit Ramen-Nudeln kippt man selbst, je nach Bedarf, Kräuter, Öle oder asiatische Croutons. Für Freunde dezenter Innendekoration ist die blinkende Farbenfreude etwas gewöhnungsbedürftig, aber das gute Essen und die günstigen Preise machen das wett.

➔ THE PANDA NOODLE

Kreuzberg | www.facebook.com/ThePandaNoodle | Mo–Fr 12–21 Uhr | Lausitzer Platz 12

TRUCK-STOP

Der bekannte Food-Truck des Gorilla Barbecue hat einen festen Wohnsitz im Graefekiez gefunden. Pate für den Namen Big Sur stand der Küstenstreifen zwischen San Francisco und Los Angeles, wo auch der kulinarische Schwerpunkt des Ladens liegt. Dass die kalifornische Küche mehr zu bieten hat als Grillgut, beweist die Speisekarte, auf der u. a. frittiertes Buttermilch-Hühnchen mit Aioli und Grünkohlsalat steht. Die beliebten Burger aus dem Truck gibt es natürlich auch.

➔ BIG SUR

Kreuzberg | www.bigsur.berlin | Di–So 18–23, So auch 11–15.30 Uhr | Graefestr. 11 | Tel. 030 89405555

Handwerk

Im Kimchi Princess können Gäste per Tischgrill selbst brutzeln

Essen auf Rädern serviert das Pförtner Café: Aufgetischt wird im Bus

NÄCHSTER HALT: ABENDESSEN

Vor dem Bus nach Hause wird der Bus zum Abendessen bestiegen: Auf dem Gelände der ehemaligen BVG-Werkstätten serviert das Pförtner Café in einem ausrangierten Vehikel italienisch inspirierte Küche. Daneben gibt es aber auch ein normales Lokal mit nettem Außenbereich.

➔ PFÖRTNER CAFÉ

Gesundbrunnen | www.pfoertner.co | Mo–Fr 9–23, Sa 11–23 Uhr | Uferstr. 8–11 | Tel. 030 50369854

KEIN TIER KAM ZU SCHADEN

Dass Veganismus nichts mit Verzicht zu tun haben muss, haben alle Berliner mittlerweile verstanden. Nun folgt die Erkenntnis, dass veganes Essen auch nicht gesund sein muss. In Lia's Kitchen wird frittiert und gebraten, dass jedem Fastfood-Junkie das Herz aufgeht. Ob Patties mit Quinoa und Linsen, Mandelfeta und vegane Mayonnaise, die drei Gründer Lior, Itai und Alon (ganz recht: LIAs Namensgeber) machen übrigens alles selbst.

➔ LIA'S KITCHEN

Prenzlauer Berg | www.liaskitchen.de | tgl. 12–22 Uhr | Kollwitzstr. 47 | Tel. 030 68324637

FARBIGE VORSPEISEN

Das Blau in Blaue Tische steht für Griechenland. So erklärt Inhaberin Monika Wasiek den ungewöhnlichen Namen ihres Restaurants. Statt auf Grillfleischberge setzt sie auf *meze* – leichte, kalte wie warme Vorspeisen, die munter miteinander kombiniert werden können. So landen Riesenbohnen mit Tomatensauce, getrocknetes Gerstenbrot mit Oliven und rote Beete mit Tsatsiki auf dem Tisch. Auf der Tageskarte stehen jeweils drei oder vier zusätzliche Gerichte, alle unter zehn Euro.

➔ BLAUE TISCHE

Neukölln | www.blaue-tische.de | So, Mo, Mi, Do 18–22.30, Fr, Sa 18–23.30 Uhr | Friedelstr. 56 | Tel. 030 23 47 25 92

BASKISCHE TAPAS

Ein junges, spanisches Restaurant – und ja, natürlich gibt es hier Tapas. Köstliche obendrein. Basis ist die baskische Küche, aber die Köche lassen viele kulinarische Einflüsse zu. Es gibt baskisches Entrecôte, gebratenes Hirschsteak (aus Brandenburg) oder pochierten Oktopus mit Zimt-Kartoffeln. Gemäß dem Konzept der spanischen Gastrobars sind die Preise moderat, Schweinebauch mit Pilzen kostet z. B. 7,90 Euro.

➔ TXOKOA

Neukölln | www.txokoa.de | Mo–Do 18–23, Fr, Sa 18–23.30 Uhr | Weserstr. 6 | Tel. 0157 87 51 35 68

50 SHADES OF COUSCOUS

Ein Hauch von Moschus liegt in der Luft, dazu duftet das mit vielen frischen Kräutern gewürzte Essen aus der marokkanisch-arabischen Küche. Couscous gibt es in vielen Varianten, Tajines und Blätterteigspezialitäten schmecken hervorragend. Dazu passt das orientalische Interieur des Lokals. Vor dem Essen Hände waschen! Zitronenwasser dafür bekommen Sie angereicht.

➔ KASBAH

Mitte | www.kasbah-berlin.de | Di–So 18–24 Uhr | Gipsstr. 2 | Tel. 030 27 59 43 61

ZIEGELSTEINZEIT

Portugiesische Küche von ihrer besten Seite: Klassiker wie Stockfisch mit gratiniertem Gemüse oder Fischspieß werden ›im Ziegelstein‹ serviert, was genauso gemeint ist, wie es klingt: Lasierte Ziegel dienen als Teller, schließlich bedeutet *a telha* auf Portugiesisch Ziegelstein. Als Vorspeise munden Tapas wie Stockfischkroketten oder frittierte Sardellen.

➔ A TELHA

Wilmersdorf | www.restaurant-a-telha.de | tgl. ab 17 Uhr | Holsteinische Str. 17 | Tel. 030 75 52 53 16

Nimm das, du lahmer Wochenstart!

INS ROLLEN KOMMEN

After-Work-Rollerskate-Disko – mehr muss doch gar nicht gesagt werden, um sofort ins SO 36 rennen und da mitmachen zu wollen. An jedem dritten Montag im Monat gibt es um 20.30 Uhr erst einen Tanzkurz auf Rollen und danach Disko. John Travolta sollte sich warm anziehen, denn jetzt kommen Sie!

➔ ROLLER SKATE DISKO IM SO 36

Kreuzberg | **www.so36.de** | **3. Mo im Monat ab 19 Uhr** | **Eintritt 5 Euro, Rollschuhverleih 2 Euro/30 Min.** | **Oranienstr. 190** | **Tel. 030 61 40 13 06**

HUNGRIG NACH TANZ

Gerade erst das Wochenende durchgetanzt und schon wieder Bock? Die Alte Kantine in der Kulturbrauerei serviert montagabends die tanzbarste Musik aller Zeiten sowie ein INSIDER TIPP Buffet, das im Eintrittspreis von drei Euro enthalten ist. Irgendwoher müssen Partylöwen schließlich ihre Energie beziehen.

HUNGRY MONDAY IN DER ALTEN KANTINE

Prenzlauer Berg | www.alte-kantine.de | Mo ab 22 Uhr | Knaackstr. 97 | Tel. 030 44 34 19 52

TELL ME WHY I LIKE MONDAYS

Wer sich schon zum Start der Woche gern das Hirn kulturell massieren lassen möchte, ist bei »I Like Mondays« in der KunstHalle richtig: Montags ist nicht nur der Eintritt frei, sondern gibt es auch kostenfreie Kurzführungen durch den Nachfolger des »Deutsche Guggenheim«. Irgendwann reicht es dann aber mit der intellektuellen Infusion: Nach Torschluss um 20 Uhr ist noch Zeit für ein Feierabendbier.

I LIKE MONDAYS IN DER DEUTSCHEN BANK KUNSTHALLE

Mitte | www.deutsche-bank-kunsthalle.de | tgl. 10–20 Uhr | Unter den Linden 13–15 | Tel. 030 20 20 93 30

LESEN UND LESEN LASSEN

Diese Kurzgeschichte aus der unteren Schreibtischschublade benötigt dringend ein fundiertes Feedback? Oder Sie haben einfach Lust, sich von anderen etwas Unveröffentlichtes vorlesen zu lassen und selbst den Reich-Ranicki zu geben? Willkommen im Autorenforum! Wer selbst lesen möchte, meldet sich einfach am Abend beim Moderator. Kommen Sie früh, der Andrang ist groß.

AUTORENFORUM IN DER SCHWARTZSCHEN VILLA

Steglitz | www.autorenforum-berlin.de | Einlass 19.30, Beginn 20 Uhr | Grunewaldstr. 55

GROSSES KINO, KLEINER PREIS

Eigentlich wollten Sie nur einen entspannten Kinoabend verbringen. Aber der Preis, den Sie gerade für den Logenplatz in der 3D-Überlängen-Version bezahlt haben, legt nahe, dass Sie stattdessen das ganze Kino erworben haben. Falls Ihnen das Gefühl bekannt vorkommt: In den Yorck-Kinos zahlt man am »Blauen Montag« nur sieben Euro. Zwölf Kinos und ein Freilufttheater im ganzen Stadtgebiet gehören zur Berliner Kinogruppe. Adressen, Programm, Details auf der Website.

BLAUER MONTAG IN DEN YORCK-KINOS

Verschiedene Stadtteile | www.yorck.de

FEIERABEND-BIER

… das ham' wir uns verdient

GIN GIN EMPIRE

Unter der Woche darf es auch mal etwas entspannter zugehen (natürlich nicht zu verwechseln mit langweilig). Eine gute Adresse dafür ist der gemütliche Laden in Moabit, wo auch ungewöhnlichere Drinks wie der Gin Gin Mule gereicht werden (Dry Gin, Minze, Ingwer Tonic, Zucker und Limettensaft – sehr lecker!). Dazu gibt es Knabbereien und für bodenständigere Genießer Guinness vom Fass. Namensgeber George Remus war Schwarzhändler während der Prohibition und taucht als Charakter in der Fernsehserie »Boardwalk Empire« auf.

➔ **GEORGE R.**

Moabit | **www.george-r.de** | **Mo–Sa ab 19, So ab 16 Uhr** | **Wilhelmshavener Str. 57** | **Tel. 030 52 66 69 33**

KATZENCONTENT

Fuchsbau, Haifischbar oder Goldfisch – gute Bars mit Tiernamen gibt es einige in der Stadt. Im Laden an der Weserstraße hat man sich schlicht für den Oberbegriff ›Tier‹ entschieden. Es könnte aber auch die Katze gemeint sein, die in einer Endlosschleife über den Schwarz-Weiß-Bildschirm über der Bar flimmert. Ein beruhigendes Szenario, bei dem man genüsslich bis in die Morgenstunden Cocktails schlürfen und den morgigen Arbeitstag verdrängen kann.

➔ **TIER**

Neukölln | **www.tier.bar** | **tgl. ab 19 Uhr** | **Weserstr. 42**

FÜR WEINPURISTEN

Hier ist alles naturbelassen – sowohl die unverputzten Ziegelwände als auch der Naturwein, den die Macher – ist ja Neukölln – als *naked wine* anpreisen. Dieser zeichnet sich dadurch aus, dass weder Schwefel zur Konservierung noch sonst etwas Unnatürliches zugesetzt wird. 50 Weinsorten sowie ein paar einfache Snacks stehen zur Auswahl. Das 0,1-l-Glas ist mit fünf bis sechs Euro zwar nicht günstig, aber dafür bekommen Sie einen in Vergessenheit geratenen, natürlichen Geschmack.

➔ **JAJA**

Neukölln | **www.jajaberlin.com** | **Di–Do 18–24, Fr, Sa bis 1, So bis 22 Uhr** | **Weichselstr. 7** | **Tel. 030 52 66 69 11**

Kein Trick

sondern echt gut: die Cocktails im Keyser Soze

TRINKEN WIE DIE IREN

40 Whiskeysorten, frisch gezapftes Bier und dazu läuft Fußball – das klingt doch nach einem guten Angebot für den Abend, oder? Wer Hunger mitbringt, probiert sich durch irische Klassiker wie Shepherd's Pie (nicht verwandt mit Dr. Derek) oder Fish & Chips.

➔ IRISH HARP PUB

Charlottenburg | **www.harp-pub.de | tgl. ab 12 Uhr | Giesbrechtstr. 15 | Tel. 030 22 32 87 35**

WER IST HIER DER BOSS?

Ein Lichtblick in der sehr auf Touristen ausgerichteten Gegend um die Oranienburger Straße. An den angeschrammelten Holztischen werden gute Cocktails serviert. Wen noch ein Hüngerchen umtreibt, sucht sich deutsche Spezialitäten von einer überschaubaren Karte aus. Keyser Soze war übrigens der mysteriöse Gangsterboss in Bryan Singers Film »Die üblichen Verdächtigen«.

➔ KEYSER SOZE

Mitte | **www.keyser-soze.de | tgl. ab 7.30 Uhr | Tucholskystr. 66 | Tel. 030 28 59 94 89**

VOR ANKER

In Kreuzberg braucht man doch keinen Hafen, um eine Hafenbar zu betreiben. Das Vorhandensein von Wasser in Form des Landwehrkanals reicht völlig. Bei Hausmannskost und Frischgezapftem können Sie den Ausflugsdampfern hinterherschauen. Die Arbeit der Jukebox übernehmen abends regelmäßig DJs. Quentin Tarantino war während der Dreharbeiten von »Inglourious Basterds« Stammgast. INSIDER TIPP Donnerstags wird auf der winzigen Tanzfläche geschwoft.

➔ ANKERKLAUSE

Kreuzberg | **www.ankerklause.de | Mo ab 16, Di–So ab 10 Uhr | Kottbusser Damm 104 | Tel. 030 6935649**

WEDDINGER SELBSTGEBRAUTES

Rustikale Gaststätte drinnen, gemütlicher Biergarten draußen. Das Bier kommt frisch gebraut, aber ungefiltert und damit ungewöhnlich trüb auf den Tisch. Dem Geschmack tut das keinen Abbruch, im Gegenteil. Sparfüchse bekommen die in Berlin wohl einmalige Erlaubnis, ihr INSIDER TIPP Essen selbst mitzubringen. Sogar ganze Picknickkörbe sind erlaubt. Teller und Besteck können Sie vorbestellen. Wer spontan Hunger bekommt, kann einen der leckeren Flammkuchen ordern.

➔ HAUSBRAUEREI ESCHENBRÄU

Wedding | **www.eschenbraeu.de | Mai–Mitte Sept. tgl. ab 15, sonst ab 17 Uhr | Triftstr. 67 | Tel. 0162 4931915**

Oh, danke!

Wer kann diesem Bier, pardon, Lächeln, widerstehen?

TRIFF MICH IN DEN 70ERN

Je trister es draußen ist, desto anheimelnder empfindet man die Atmosphäre in der kleinen Bar mit 1970er-Jahre-Mobiliar. Bei günstigen Drinks kann man getrost den ganzen Feierabend vertrödeln und den einen oder anderen Cocktail probieren. Das Publikum ist jung und kommt nicht nur wegen der Preise hierher. Von Jazz bis Elektro wechselt die Musik häufig. Gut zu wissen: Hier ist Selbstbedienung angesagt.

➔ JATZBAR

Gesundbrunnen | www.jatz-bar.de | tgl. ab 18 Uhr | Gottschedstr. 2 | Tel. 030 46 90 56 66

MEHR ALS WEINBRAND

Keine Sorge, die entspannte Nachbarschaftstagsübercaféabendsbar hat mehr im Angebot als den Weinbrand mit dem bekannten »Darauf einen«-Slogan. Zum Beispiel einen sehr guten Dark'n Stormy, Helles vom Fass und eine lecker-unaufgeregte Tageskarte. Im Winter sitzt man auf Fischgrätparkett im hellen Gastraum, im Sommer direkt am Pankeufer draußen. Wer Jazz mag, kommt jeden zweiten Donnerstag zur INSIDER TIPP Livemusic-Session ab 20 Uhr.

➔ CAFÉ DUJARDIN

Gesundbrunnen | www.cafedujardin.de | Mo–Fr ab 10, Sa, So ab 11 Uhr | Uferstr. 12 | Tel. 030 52 66 68 05

HOME SWEET HOME

Die selbst ernannte Nachbarschaftsbar bietet genau das: gemütliche Sofas, alte Holzdielen, entspanntes Publikum und eine große, internationale Bierauswahl aus Biernationen wie der Tschechei, den USA und Japan zu fairen Preisen. Noch beliebter als der Livemusik-Abend dienstags ist das INSIDER TIPP Pub-Quiz am Mittwoch (auf Deutsch und Englisch). Die Gewinner werden mit Alkohol belohnt; als Trostpreis gibt es schon mal einen Rentner-Kalender. Den wollen viele, also vorher unbedingt anmelden!

➔ HOME BAR

Friedrichshain | www.homebarberlin.com | Mo–Sa ab 17 Uhr | Neue Bahnhofstr. 23 | Tel. 030 31 16 65 63

ECKKNEIPE, MITTE-STYLE

Klassische Eckkneipe, in der statt Rentner aus dem Kiez junge Kreative auf ein hauseigenes Pilsener oder einen Wein einkehren. Das dunkle Holzmobiliar sorgt für ein schummriges Ambiente. Kommen Sie in größerer Runde, ist der lange Tisch mit gemütlicher Holzbank in der Ecke etwas für Sie. Wer Hunger mitbringt, profitiert von der sehr guten Küche mit Klassikern wie Wiener Schnitzel und Käsespätzle und den besten Buletten im Kiez.

➔ BÖTZOW PRIVAT

Mitte | www.boetzow-privat.de | tgl. ab 17.30 Uhr | Linienstr. 113 | Tel. 030 28 09 53 90

TROPISCHE BRAU-OASE

Zwischen Autoschrauberei und Schnitzel-Gasthaus sind mit den Craft-Beer-Brauern von den Two Fellas die Hipster im Pankower Wohngebiet gelandet. Das gezapfte Angebot ist klein, aber selbst gebraut (das Tropical Pale Ale ist eine dringende Empfehlung!). Im Einrichtungsstil trifft britisches Pub auf deutsche Eckkneipe – passend zum ambivalenten Standort eben.

➔ TWO FELLAS BREWERY

Pankow | www.twofellas.beer | So–Do 18–23, Fr, Sa bis 2 Uhr | Mühlenstr. 30 | Tel. 0162 2 64 69 85

Couch am Abend? Langweilig!

Runter vom Sofa – rein in die Stadt!

FEIERABEND VORAUS!

Nach Feierabend noch ein bisschen Wind um die Nase gefällig? Jeden Mittwoch von 16.30 bis 19.30 Uhr gibt es After-Work-Segeln am Wannsee. Dafür muss man sich nicht anmelden und braucht nicht mal einen Segelschein – erfahrene Seemänner sind immer vor Ort. Wer auf den Geschmack kommt, kann in der Schule auch einen Kurs buchen.

➔ SEGELSCHULE GROSSE FREIHEIT

Wannsee | www.segelschule-grosse-freiheit.de | Mi 16.30–19.30 Uhr | 13 Euro | Am Großen Wannsee

EINMAL HIN, ALLES DRIN

Kino? Club? Galerie? Café? Theater? Wer sich lieber spontan für eins davon entscheidet, steuert einfach das Acud an und wird immer fündig. Seinen alternativen Charme hat sich das 1990 als Kunstgalerie in Prenzlauer Berg gegründete Haus erhalten. 2016 liefen im Kino erstmals auch Filme im Rahmen der Berlinale.

➔ ACUD KUNSTHAUS

Mitte | www.acud.de | Öffnungszeiten je nach Veranstaltung/Vorführung | Veteranenstr. 21 | Tel. 030 44 35 94 98

MUSEUM DES PUNK

Popkultur ist auch Kultur, lassen Sie sich nichts anderes einreden! Daher ist es völlig berechtigt, die liebevolle Fansammlung in den Hinterzimmern einer Bar Museum zu nennen und dessen Besuch als kulturellen Abend zu verbuchen: Gedacht wird den Ramones als Begründern des Punk. Zwischen Platten und Zeitungsausschnitten findet sich auch die Schrankwand von Joey Ramone. Danach gibt es vor Ort Belohnungsbier.

RAMONES MUSEUM

Kreuzberg | **www.ramonesmuseum.com | tgl. 10–22 Uhr | Eintritt 4,50 Euro | Oberbaumstr. 5 | Tel. 030 75 52 88 89**

WELLNESS BIS MITTERNACHT

Nach diesem Tag sind Sie dringend auf eine balinesische Spa-Anwendung oder eine Aromaöl-Massage angewiesen? Zum Glück hat das Vabali bis Mitternacht geöffnet. Nur 500 Meter vom Hauptbahnhof entfernt liegt das Wellness-Resort, das es so sonst nur in Thailand oder Indonesien gibt. Die zweistündige Auszeit kostet 21,50 Euro; Anwendungen vorher buchen!

VABALI SPA

Tiergarten | **www.vabali.de | tgl. 9–24 Uhr | Seydlitzstr. 6 | Tel. 030 911 48 60**

MUSIKER-NACHWUCHS

Wenn es nach der Arbeit dringend noch etwas Kultur sein darf: Musikstudenten geben mehrmals wöchentlich ihr Bestes und verlangen meist nicht einmal Eintritt dafür. Im historischen Marstall in der Nähe des Berliner Doms trägt die Gesangsklasse Werke von Bach vor; im Hauptgebäude am Gendarmenmarkt präsentiert sich die Violinklasse. Die Termine finden Sie im Internet oder in der Programmbroschüre, die in den Foyers der Hochschule ausliegt.

HANNS-EISLER-MUSIKHOCHSCHULE

Mitte | **www.hfm-berlin.de | Konzerte oft um 19 Uhr | Hauptgebäude: Charlottenstr. 55, Neuer Marstall: Schlossplatz 7 | Tel. 030 2 03 09 21 01**

WOCHEN-ENDE – FEIER-ALARM!

GRUNDLAGE SCHAFFEN

Keine Party auf leeren Magen!

TATAR STATT BAR

Die am Spreeufer gelegene Bar 25 ist in Berlin legendär, nur leider mittlerweile geschlossen. Doch wer zu spät kommt, den bestraft an diesem Ort einmal nicht das Leben, sondern er bekommt Buttermilchsüppchen und Tatar serviert. Denn das Fame-Restaurant auf dem gleichen Gelände wird wie der nebenliegende Kater Blau von ehemaligen Bar-25-Machern betrieben. Die Karte ist klein und fein, und das Fame dank Lage wie Geschichte idealer Ausgangspunkt für lange Partynächte.

➔ **FAME KATERSCHMAUS**

Friedrichshain | www.katerschmaus.de | Mo–Sa 12–16 u. 19–22.30 Uhr | Holzmarktstr. 25 | Tel. 0152 29 41 32 62

KLEIN UND GEGRILLT

Türkische Küche, die einmal nicht von einem Dönerstab gekratzt wird, sondern in diesem Restaurant an Mittes Touri-, aber damit eben auch Partystraße, etwa in kleinen Meze-Portionen serviert wird. Ebenfalls sehr beliebt: Grillen. Fisch und Lamm müssen dran glauben.

➔ **HASIR**

Mitte | tgl. 16–24 Uhr | Oranienburger Str. 4 | Tel. 030 28 04 16 16

GUTE SICHT AUF GUTES ESSEN

Wenn Sie es nicht darauf anlegen, heute noch zu tanzen, müssen Sie das Hochhaus am Anhalter Bahnhof an diesem Abend nicht mehr verlassen. Schließlich gibt es gehobenes, mediterranes Essen im 16. Stock und leckere Cocktails in der Bar eine Etage höher. Schon die Fahrt nach oben im verglasten Fahrstuhl an der Außenfassade ist ein Erlebnis. Schick anziehen nicht vergessen, es gibt einen Türsteher.

➔ **SOLAR**

€€€ | Kreuzberg | www.solarberlin.com | So–Do 18–2, Fr, Sa 18–3 Uhr | Stresemannstr. 76 | Tel. 0163 7 65 27 00

Tierfrei
in die Partynacht: Bei Emma Pea wird vegan gekocht

VEGAN UND KÖSTLICH

Nicht jede Partynacht muss mit a) edlem Essen oder b) Döner beginnen. Das beweist das vegane Bistro Emma Pea, das an der Partyzentrale RAW-Gelände auch spät am Abend noch Tagesgerichte wie Kichererbsencurry, Fenchelgratin sowie sehr gute Burritos serviert. Als Getränk, das kein Bier ist, empfiehlt sich die hausgemachte Limonade.

➔ EMMA PEA

Friedrichshain | www.emmapea.com | Di–Do 17–23, Fr, Sa 16–24, So 13–23 Uhr | Revaler Str. 99

ICH FIND DICH GAR NICHT SCHEISSE!

Dass hier einst Jessie von Tic Tac Toe einem Brot- bzw. Pizza-Brotjob nachging, gehört zu den absurden Anekdoten, die diesen eh schon charmanten Laden noch ein bisschen liebenswürdiger machen. Pizza und Pasta sind prima, der Andrang daher entsprechend groß, dafür der Weg zu den Clubs des RAW-Geländes kurz.

➔ TRATTORIA LIBAU

Friedrichshain | tgl. 16–24 Uhr | Libauer Str. 10 | Tel. 030 25 76 85 29

KLEIN, ABER OHO

Doch, doch, der alte Wedding, er kommt, das beweisen die diversen Bars, die man vom El Pepe aus zu Fuß erreichen kann. Im Magen hat man dann eine gute Auswahl liebevoll zubereiteter Tapas. Die Auswahl ist nicht riesig, aber wie ungefähr jeder Fernseh-Restaurant-Tester predigt, sind kleine Karten ja eher ein Zeichen von Qualität. Und die stimmt ebenso wie die Preise. Weil auch der Gastraum eher klein ist, gibt es das Gruppenkuscheln kostenlos dazu.

➔ EL PEPE

Gesundbrunnen | **www.facebook.com/elpepeberlin | tgl. 18–23 Uhr | Prinzenallee 25 | Tel. 030 55 64 76 93**

SPANISCHE LIBANESEN

Kleine Preise, große Portionen: So gehört sich das, bevor man unter den Neuköllner Studenten-Hipstern ausgeht. Der libanesische Imbiss hat seinen Namen Al Andalos in Erinnerung an die arabisch geprägte Epoche Spaniens ausgewählt (weil er es kann!). Auf der Speisekarte stehen viele vegetarische Speisen wie Falafel. Fleischorientierte Stammkunden schwören auf das Schawarma.

➔ AL ANDALOS

Neukölln | **tgl. 9–2, Fr, Sa bis 3 Uhr | Sonnenallee 40 | Tel. 0174 2 62 14 15**

UNENTSCHIEDEN

In einem riesigen Backsteinbau direkt an der Spree – und damit in Fußentfernung zu gefühlt der Hälfte aller Berliner Clubs – breitet sich eine Restaurantlandschaft aus, die sich zwischen gehobener Gastronomie und Stammtisch noch nicht endgültig entschieden hat. Das gilt auch für die Karte, die sowohl Pizza als auch feine 3-Gänge-Menüs im Angebot hat. Schöne Kaminlounge für Raucher. Im Sommer sitzt es sich schön auf der INSIDER TIPP Strandterrasse direkt am Wasser.

➔ SAGE RESTAURANT

€€€ | Kreuzberg | **www.sage-restaurant.de | Di–So ab 18, Strand u. Strandpavillon im Sommer tgl. ab 14 Uhr | Köpenicker Str. 18–20 | Tel. 030 7 55 49 40 71**

HIPSCHICK AN DER WESER

In einer Straße, in der man so gut trinken und feiern kann wie in der Weserstraße, gibt es natürlich auch gutes Essen zum Auftakt. Das große Gastropub mit den gefliesten bzw. unverputzten Wänden hat sich sofort ins Herz der stylishen Neuköllner gekocht. Es gibt Oktopus und Steak Tatar, aber auch ein handfestes Club-Sandwich. Dazu sollten Sie sich unbedingt einen Cocktail gönnen – da weiß jemand, was er tut.

➔ BEUSTER BAR

Neukölln | **www.beusterbar.com | tgl. ab 18 Uhr | Weserstr. 32 | Tel. 030 41 95 97 80**

Start mit Stil

Nachtisch? Och nö, in der Beuster Bar schmeckt der erste Cocktail

ANLAUF NEHMEN

... für die Nacht

GUT VERPACKTE AVANTGARDE

Von außen unscheinbar, doch erst mal ausgepackt ist es bunt und lecker: Die Bonbon Bar weiß schon, warum sie heißt, wie sie heißt. Der Tresen ist Art déco, der Rest der Einrichtung avantgardistisch, und die DJs, die hier auflegen, werden täglich ausgetauscht. Bei Bedarf gibt es Cocktailklassiker auch in der gepimpten Variante, etwa Whiskey sour mit Holunder.

➔ BONBON BAR

€€€ | Mitte | www.bonbonbar.de | tgl. ab 19 Uhr | Torstr. 133 | Tel. 030 24 62 87 18

Slàinte mhath

... heißt »Prost, mein Freund« auf Gälisch. Nach einem Bier im Brewdog klappt die Aussprache

IM CRAFT-BEER-HIMMEL

In einem schicken Mitte-Neubau haben sich die schottischen Craft-Beer-Gurus von BrewDog eine Berliner Niederlassung – ach, sagen wir doch gleich Flagship-Store, gegönnt. Der Laden ist so stylish, dass man sich schnödes Biertrinken fast nicht traut. Doch nach dem vierten der angebotenen 30 Craft-Beer-Sorten vom Fass wird das besser: »5 AM Saint«, »Mad Scientist« oder »Jet Black Heart« halten, was die Namen versprechen.

➔ BREWDOG BERLIN MITTE

Mitte | www.brewdog.com/bars | So–Do 12–24, Fr, Sa 12–2 Uhr | Ackerstr. 29 | Tel. 030 48 47 77 70

KALIFORNISCHE COOLNESS JWD

Mariendorf ist jetzt nicht unbedingt der *place to be* im Berliner Nachtleben. Aber was die Craft-Beer-Produzenten von Stone Brewing aus Kalifornien dort auf die Beine gestellt haben, ist definitiv den Abstecher wert: Brauerei, Bistro und Biergarten in einem, und das für 1200 Gäste auf dem Gelände eines alten Gaswerks. Zum Weiterfeiern Richtung Kreuzberg oder Neukölln bringt Sie dann die S-Bahn.

➔ STONE BREWING

Mariendorf | www.stonebrewing.eu | Mo–Sa 12–24, So 10–22 Uhr | Im Marienpark 23 | Tel. 030 2 12 34 31 00

TRANSDISZIPLINÄR ZUM KLEINEN PREIS

Ursprünglich mal als Galerie gedacht (ah, daher der Name Guggenheim!), hat sich daraus mittlerweile eine Kneipe mit regelmäßigen Konzerten etabliert, was die Betreiber den Laden als »transdisziplinäre Plattform« bezeichnen lässt. Wovon Sie sich in keinem Fall abschrecken lassen sollten. Alles wunderbar gechillt hier, und der Gin Tonic kostet auch nur 2,80 Euro. Fun Fact: Der Käseladen ein paar Häuser weiter (Weichselstr. 65, www.peppikaese.de) gehört auch zum Team Peppi.

➔ PEPPI GUGGENHEIM

Neukölln | www.peppi-guggenheim.de | tgl. ab 18 Uhr | Weichselstr. 7 | Tel. 030 62 72 43 10

HOLY SHIT, IT'S STILVOLL

Im Kollwitzkiez hat der Barbesuch stilvoll zu sein, ist ja klar. Es werden aufgeboten: schummriges Ambiente mit Lichtakzenten, kostenlos dazu serviertes, speziell gefiltertes und mit Sauerstoff angereichertes Wasser und abenteuerliche, stets wechselnde Drinks, die aber verlässlich erklärungsbedürftige Namen tragen. Oder wüssten Sie auf Anhieb, was man etwa unter »Holy Shit ... Vontaze Burfict is back!« zu erwarten hat? (Spoiler: Gin, Tomaten- und Grapefruitsaft, hausgemachte BBQ-Sauce, Sternanis u. a.). Falls Sie auf den Geschmack kommen: INSIDER TIPP In Workshops wird das Cocktailwissen weitervermittelt.

➔ BRYK BAR

€€€ | Prenzlauer Berg | www.bryk-bar.com | tgl. ab 19 Uhr | Rykestr. 18 | Tel. 030 38 10 01 65

MULTI-KULTI-EUROPALETTEN

Wussten Sie schon, dass Longdrinks viel besser schmecken, wenn man sie unter chinesischen Lampions schlürft? Die Einrichtung folgt der typischen Berliner Mischung aus alt, selbst gebaut (Europaletten!) und durchgestylt. Die große Bierauswahl beinhaltet auch manche polnische Spezialität sowie »SchabrackentaBier« – ein Berliner Pale Ale. Die INSIDERTIPP regelmäßigen Livekonzerte werden auf Facebook angekündigt.

➔ OH! CALCUTTA

Gesundbrunnen | www.ohcalcutta-berlin.de | Di–Sa ab 20 Uhr | Koloniestr. 9 | Tel. 030 20 88 98 56

COCKTAIL-FANS, DIE AUF AFFEN SCHAUEN

Rundum deckenhoch verglast, blickt man von der elften Etage des 25hours-Hotels fast über die ganze Stadt – und auf den Affenfelsen des Zoologischen Gartens. Während die Paviane dort ihre Kreise ziehen, trinken Sie sich durch die Cocktailkarte mit den Schwerpunkten Gin und Rum. Perfekt für den Zwischenstopp nach dem Shopping im Bikini-Haus und vor der Freitagnacht.

➔ MONKEY BAR

€€€ | Charlottenburg | www.25hours-hotels.com | tgl. 12–2 Uhr | Budapester Str. 40 | Tel. 030 1 20 22 12 10

IT'S GIN O'CLOCK

Sie sind noch kein Gin-Experte? Im Botanical Affairs werden Sie es werden! 150 Sorten Gin lassen sich mit 50 Sorten Tonic kombinieren (na, liebe Mathefreaks, wie viele Kombinationen ergibt das?), und ein paar Cocktails hat der Laden mit der Deko aus Omas Fotoalbum natürlich auch auf der Karte. Wer es noch genauer wissen will, macht einen Gin-Workshop mit oder bevorratet sich mit Flaschen aus dem Sortiment für zu Hause.

➔ BOTANICAL AFFAIRS

Mitte | www.botanical-affairs.com | So–Do 18–0.30, Fr, Sa bis 2 Uhr | Torstr. 95 | Tel. 030 54 86 75 56

SOZIALISTISCHER SCHICK

Im ehemaligen Büro der tschechischen Fluggesellschaft ČSA lässt es sich im 50er-Jahre-Design gut trinken und mit Gin Fizz in der Hand auf die ebenso schön gestaltete Karl-Marx-Allee schauen. Wie in den meisten Berliner Bars darf auch hier geraucht werden (nur bitte keine Zigarren!). Weiterer Pluspunkt: Bis zum Berghain ist's nicht weit.

➔ ČSA

Friedrichshain | www.csa-bar.de | Mo–Sa ab 19 Uhr | Karl-Marx-Allee 96 | Tel. 030 29 04 47 41

CLUB-HOPPING

Lass sie raus, die Dancing Queen

TECHNO-TUNNEL

Der Name Tresor ist noch übrig geblieben aus Zeiten, als der Club tatsächlich im alten Tresorraum des Wertheim-Kaufhauses am Potsdamer Platz eröffnete. 1991 war das, und natürlich konnte das auf die Dauer so nicht bleiben. An neuem Ort im ehemaligen Heizkraftwerk herrscht immer noch Industriecharme. Zum Dancefloor im Keller führt ein 30 m langer Tunnel. Die Musik legen internationale Techno-DJs auf.

➔ TRESOR

Mitte | www.tresorberlin.de | Mo, Mi–Sa ab 24 Uhr | Köpenicker Str. 70 | Tel. 030 69 53 77 20

INDIE-WOHNZIMMER

Die selbst ernannte Rock-Indie-Elektro-Pop-Wohnzimmercouch bietet regelmäßig Konzerte. Indie-Fans sind mit der Karrera-Klub-Partyreihe, die mehrmals im Monat im Lido gastiert, auf der richtigen Seite. Wer noch dringend Räume für eine Privatparty sucht, mietet den INSIDER TIPP Partykeller mit dem charmanten Namen Lidolino.

➔ LIDO

Kreuzberg | www.lido-berlin.de | Partys ab 23 Uhr | Cuvrystr. 7 | Tel. 030 69 56 68 40

Guten Flug

Von der Airline, die hier mal ihr Büro hatte, blieb der Name: ČSA

EIN QUADRATMETER REICHT

Für die einen ist es eine alte Telefonzelle, für die anderen die kleinste Disko der Welt! Wer zwei Euro einwirft, kann Musik, Diskokugel und Nebelmaschine in Gang setzen und auf einem Quadratmeter abtanzen. Zwei Telediskos stehen fest im Kater Blau (nur zu den Öffnungszeiten des Clubs in Betrieb) sowie auf dem RAW-Gelände (immer geöffnet). INSIDER TIPP Eine dritte kann man mieten.

➔ TELEDISKO

Friedrichshain | www.teledisko.com | Kater Blau: Holzmarkstr. 25 | RAW-Gelände: Revaler Str. 99 | Tel. 030 20848343

BITTE KLOPFEN

Eine Kunst-Bar im dritten Hinterhof, die ausschließlich am Wochenende geöffnet hat und nur denen Zutritt gewährt, die zu klopfen wagen? Noch ein Beweis, dass sogar der Gesundbrunnen mittlerweile hip wird! Drinks und Musik: sehr gut. Das ist man der Tanzikone der 1920er, Anita Berber, die ihren Namen dafür hergibt, aber auch schuldig. Huldigen Sie ihr und bewegen Sie Ihren Hintern!

➔ ANITA BERBER

Gesundbrunnen | www.facebook.com/AnitaBerber Wedding | Fr, Sa 23–8 Uhr | Pankstr. 17 | Tel. 01511 1578769

EINST ILLEGAL

Das heruntergekommene Gebäude direkt am S-Bahnhof Ostkreuz sieht nicht so aus, als beherberge es einen angesagten Club. Aber dieser wurde halt lange illegal betrieben, und die Geschichte verpflichtet. Die elektronischen Nächte sind lang. Problematischer als die abgerockte Umgebung ist es aber, es erst einmal hineinzuschaffen – die Türpolitik ist übertrieben strikt.

➔ ://ABOUT BLANK

Friedrichshain | www.aboutparty.net | je nach Veranstaltung Mi–So ab 24 Uhr | Markgrafendamm 24c

Engtanz mal anders: Teledisko – die kleinste Disko der Welt

UNTER UNS

Fans schlechter Wortspiele würden sagen: In dem in einem alten Postamt beheimateten Club geht die Post ab! Tut sie auch, allerdings so entspannt, wie es bei der Post zu Behördenzeiten zuging. Schließlich heißt der Privatclub Privatclub, weil er klein, gemütlich und übersichtlich ist. Neben den Partys (viel Indie, Rock, Latin) lohnt sich ein Konzertbesuch bei Wohnzimmer-Atmosphäre.

PRIVATCLUB

Kreuzberg | www.privatclub-berlin.de | wechselndes Programm s. Website | Skalitzer Str. 85–86 | Tel. 030 61 67 59 62

ALLES LEGENDÄR

Der Berliner Klassiker im stillgelegten Heizkraftwerk mit legendärem Türsteher (Sven Marquard), legendären Öffnungszeiten (Party sonntagnachmittags um halb vier, anyone?), legendär ekstatischen Besuchern und legendär großen Erwartungen aller, die noch zum allerersten Mal herkommen können. Mittlerweile auch in den USA bekannt, seitdem Claire Danes bei Ellen DeGeneres von ihrem Besuch zur Fetischwoche (»Alle waren nackt! Und es gab Eiscreme!«) berichtete. Dabei gilt doch eigentlich »What happens in Berghain, stays in Berghain«.

BERGHAIN

Friedrichshain | www.berghain.de | Clubnächte: Fr, Sa ab 24 (bis Mo 8–10 Uhr), Konzerte: Mi, Do ab 21 Uhr | Am Wriezener Bahnhof | Tel. 030 29 36 02 10

KEIN KLAVIERKONZERT

Dass in der alten Beckstein-Klavierfabrik mal House- und Elektro-Abende starten würden, haben sich deren Erbauer wohl auch nicht träumen lassen. Wer lieber Adele und Whitney Houston hört, geht zu INSIDER TIPP »I love Engtanz« (einmal im Monat), der vielleicht kitschigsten Partyreihe der Stadt, nur echt mit Herzluftballons und »Dreams Are My Reality»-Geschunkel. Nicht wundern, dass der Bartresen auf Kniehöhe endet – das gehört so. Sie ordern natürlich den Hausdrink »Prince Charles« mit Wodka, Cointreau, Zitrone, Kardamom, Earl Grey und Espuma.

PRINZ CHARLES

Kreuzberg | www.princecharlesberlin.com | Do–Sa ab 23 Uhr | Prinzenstr. 85f

PARTY MIT U-BAHN-ANSCHLUSS

Im ehemaligen, damals Punks und Schwarzkluftträgern vorbehaltenen Kato direkt im U-Bahnhof Schlesisches Tor wird die Partynacht normalerweise mit einem Konzert eröffnet. Ab Mitternacht folgt Tanz, u. a. zu Elektro und Indietronics. Kommen Sie ruhig früh, denn der Laden ist klein und daher schnell voll.

BI NUU

Kreuzberg | www.bi-nuu.de | veranstaltungsabhängig, Termine s. Website, Konzerte ab 20 Uhr | im U-Bahnhof Schlesisches Tor | Tel. 030 61 65 44 55

BIS DIE SOCKEN QUALMEN

Cooler Club mit uncoolem Namen. Dass er mit »Gemütlichkeit« wirbt, passt dazu. Gefeiert wird trotzdem ausgelassen, am Freitag und Samstag elektronisch. An Sonntagnachmittagen wird hingegen beim INSIDER TIPP »Sockentanz« ohne Schuhe auf Teppichen zu Down-Tempo-Beats geschwoft und Chai-Tee geschlürft. Lustige Lage schräg hinterm Alexa.

BEATE UWE

Kreuzberg | **www.beate-uwe.de** | **veranstaltungsabhängig, meist ab 23, So ab 18 Uhr** | **Schillingstr. 31** | **Tel. 030 08 15 08 15**

MADE IN ISTANBUL

Wie ein legendärer Club aus dem asiatischen Teil Istanbuls nach Berlin expandiert? Indem er in einer ehemaligen Kegelbahn zu Neukölln die Perserteppiche ausrollt und dort dann nach bewährtem Erfolgsrezept tagsüber Kaffee und am Abend Party-Rock, Trance und Latin serviert. Regelmäßige Livekonzerte gibt es auch.

ARKAODA

Neukölln | **berlin.arkaoda.com** | **tgl. ab 10 Uhr** | **Karl-Marx-Platz 16**

DA STAND EIN PFERD AUF DEM DANCEFLOOR

Ernsthaft? Dieses wunderschöne Kreuzgewölbe mit seinen filigranen Säulchen waren einst die Stallungen des preußischen 1. Garde-Dragoner-Regiments? Die Pferde hatten es gut. Heute profitieren Freunde von Dub, Elektro und Drum 'n' Bass vom architektonischen Feingefühl preußischer Tierfreunde. Ideal, um aufgestauten Stress beim Tanzen abzubauen. Das sehr gemischte Publikum ist unaufgeregt, Tendenz jünger und international.

GRETCHEN

Kreuzberg | **www.gretchen-club.de** | **Fr, Sa ab 23.30 Uhr (vorher meist Konzerte)** | **Obentrautstr. 19–21** | **Tel. 030 25 92 27 02**

DES KAISERS NEUE KLEIDER

Erst Steuerhaus der Königlichen Wasserinspektion, dann Heinz Minki, heute von den Bar25-Mitbetreibern Danny Faber und Sese Baier als Chalet betrieben – typisch Berlin also. Musikalisch sind House und Elektro im Angebot. Die Inneneinrichtung wagt mit Sofas und Stehlampen etwas Gemütlicheres als sonst üblich. Im Sommer sitzen Sie schon ab 16 Uhr auf der Terrasse und verlaufen sich abends im verwunschenen Märchengarten des Außenbereichs.

CHALET

Kreuzberg | **www.chalet-berlin.de** | **Di u. Do–So ab 24 Uhr** | **Vor dem Schlesischen Tor 3** | **Tel. 030 69 53 62 90**

DER LANGLEBIGE

Das Duncker ist *hardcore,* und das liegt auch, aber nicht nur am »Dark Monday«, der jeden Montag Gothic- und Dark-Wave-Fans in den roten Backsteinbau an der S-Bahnbrücke lockt. Schließlich gibt es den Club schon seit über 30 Jahren in Prenzlauer Berg – »I survived Clubsterben«, könnte man sagen. An anderen Tagen laufen Indie und Alternative und am Donnerstag ab 21 Uhr die INSIDER TIPP »Gnadenlos-kostenlos-Konzerte« (bei dem Namen erraten Sie das Konzept sicher schnell selbst).

DUNCKER

Prenzlauer Berg | **www.dunckerclub.de** | **Mo ab 22, Do ab 21, Fr, Sa ab 23 Uhr** | **Dunckerstr. 34** | **Tel. 030 445 95 09**

Time Warp
im Bassy Cowboy Club – Musik nach 1969 muss draußen bleiben

ERSTER!

Im Osten der Volkspark Humboldthain, im Süden ein Aldi, westlich die Panke, im Norden ein Möbelmarkt und auch sonst keine Coolness in Sicht? Wie Berliner sagen: Super Location, um einen Club aufzumachen! Hier gastieren regelmäßig Live-Acts und DJs aus den Bereichen Elektro, House, Techno, Acid, Deep und IDM. Im Sommer öffnet der dazugehörige INSIDER TIPP Biergarten bereits ab 16 Uhr.

➔ HUMBOLDTHAIN CLUB

Gesundbrunnen | www.humboldthain.com | Di ab 20, Fr, Sa ab 24 Uhr | Hochstr. 46 | Tel. 030 46 90 53 65

BACK IN THE SUMMER OF '69

Dieser Club macht eine klare Ansage, und die lautet »Good music – strictly before 1969«. Das bedeutet alles von Swing, Blues, Country, Rockabilly und Surf bis Garage – Hauptsache Sixties. Bevor DJs Jive, Boogie-Woogie oder Twist auflegen, spielen meist internationale Livebands.

➔ BASSY COWBOY CLUB

Prenzlauer Berg | www.bassy-club.de | Di, Mi, Fr, Sa ab 21 Uhr | Schönhauser Allee 176 a | Tel. 030 37 44 80 20

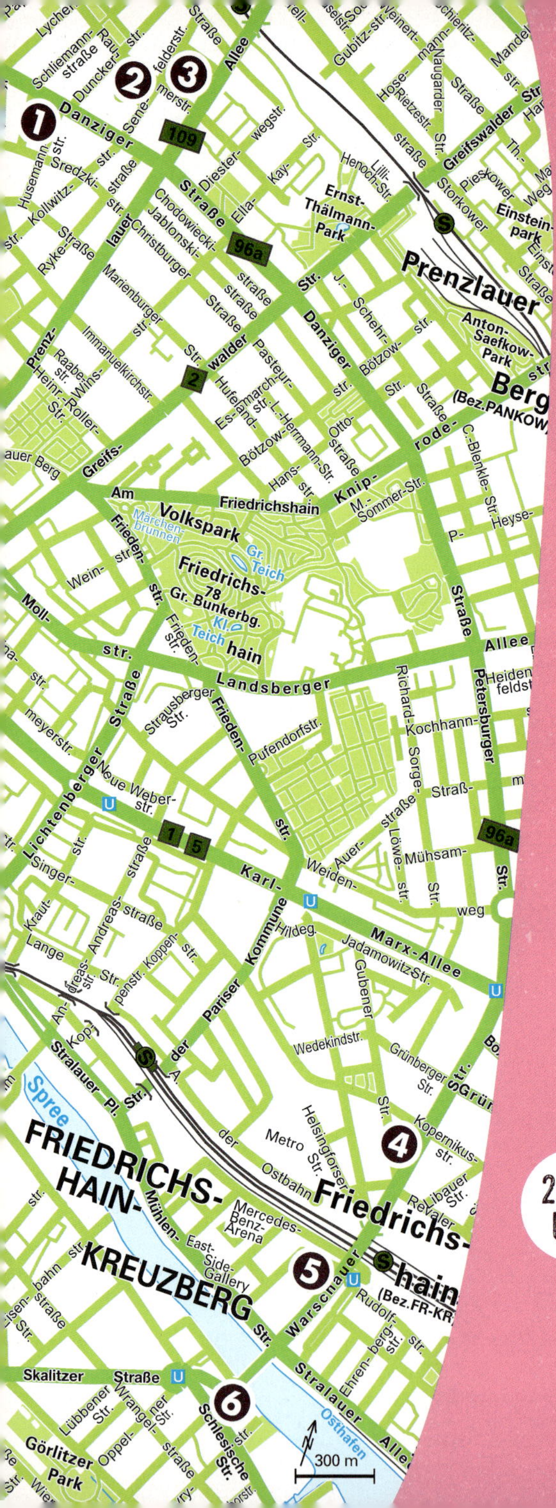

Ihre Füße in den tollen, neuen Peeptoes müssen bis morgen früh durchhalten. Ein bisschen Wellness haben sie sich also vorher verdient. Das übernehmen in diesem Laden kleine Fische, die tote Hautzellen von den Füßen knabbern. Dabei sitzen Sie alle nebeneinander und können sich schon mal auf Touren quatschen.

❶ FUSSFETIFISCH

Prenzlauer Berg | www.fussfetifisch.de | Di–Sa 12–20 Uhr, Anmeldung erforderlich | ab 12 Euro/20 Min. | Danziger Str. 26 | Tel. 030 54 59 89 57

18.30 UHR

Hunger? Hunger! Zum Glück liegt das bezaubernde, auf japanische Bento-Boxen spezialisierte Restaurant gleich um die Ecke. Markus Suvit-Schinke führt ihn als Kellner und Koch im Alleingang. Gemütlich, sympathisch, lecker – und beliebt. Aber Sie haben natürlich vorausschauend reserviert.

❸ GO BENTO

Prenzlauer Berg | www.facebook.com/gobentoberlin | Mi–So 18.30–22.30 Uhr | Stubbenkammer Str. 5 | Tel. 0172 365 22 69

20.30 UHR

Mädels-tour

Heut bleiben die Kerle zuhause

19.10 UHR

Die Fische sind satt und Sie bereit für ein erstes Getränk. Dafür müssen Sie nur über die Danziger zur Prenzlauer Berger Cocktail-Institution am Göhrener Ei. Um unter 300 Varianten eine möglichst große Auswahl probieren zu können, ordern Sie alle INSIDER TIPP »Taste Three« – drei Mini-Cocktails für 10,50 Euro.

2 X-BAR

Prenzlauer Berg | www.cocktailxbar.de | tgl. ab 18 Uhr | Raumerstr. 17a | Tel. 030 40 50 45 05

22.05 UHR

Höchste Zeit, die Party zu verlagern, und zwar Richtung Friedrichshain. Also rein in die Partytram M 10 bis zur Revaler Straße und zur ersten Akklimatisation in Fitcher's Vogel. Der bietet entspannte Ramschigkeit, günstige Preise und Szenevolk. Sie nehmen eine Runde hausgemachte Himbeer-Bowle (4,50 Euro).

4 FITCHER'S VOGEL

Friedrichshain | www.fitchersvogel.com | tgl. ab 18 Uhr | Warschauer Str. 26 | Tel. 0151 62 85 76 97

23.10 UHR

Nur ein Stück die Straße runter wartet Ihre vorreservierte Karaoke-Kabine auf Sie. You've had the time of your life? Lassen Sie es raus! Nichts entspannt mehr und schweißt stärker zusammen, als gemeinsam Whitney Houston und Take That abzufeiern.

5 MONSTER RONSON'S ICHIBAN KARAOKE

Friedrichshain | tgl. ab 19 Uhr | www.karaokemonster.de | Warschauer Str. 34 | Tel. 030 89 75 13 27

00.30 UHR

Ihr Tanzbedürfnis muss dringend raus aus der Kabine und auf den Dancefloor. Zum Glück ist es nun nicht mehr weit bis ins Musik und Frieden, dem freundlichen Nachfolger des altehrwürdigen Magnet. Nur einmal über die Spree, und die Party – wahlweise mit Indie-Rock, Hip-Hop und Elektro – kann endgültig beginnen.

6 MUSIK UND FRIEDEN

Kreuzberg | www.musikundfrieden.de | So–Do je nach Veranstaltung, Fr, Sa 23–7 Uhr | Falckensteinstr. 48 | Tel. 030 23 91 99 94

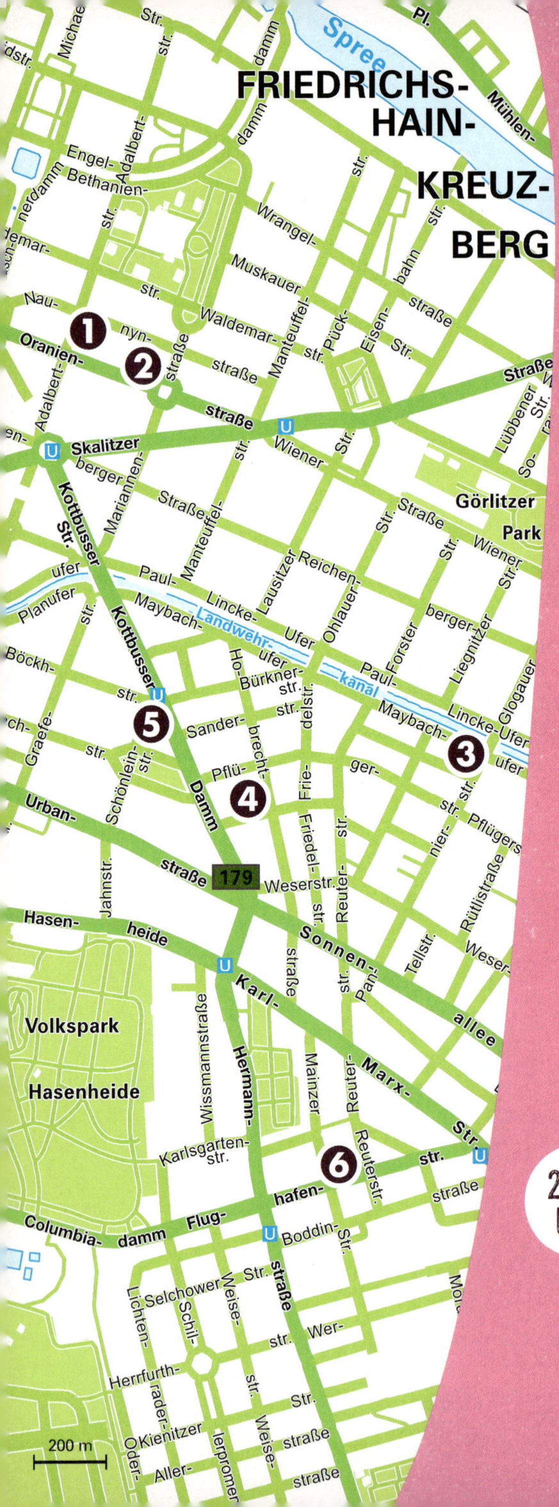

Ja, da steht ›Das Tor zur Hölle‹ über dem Eingang, aber Sie reißen sich jetzt mal zusammen und gehen rein. Schließlich wollen Sie Berliner Spelunken erkunden. Da bekommen Sie auch Spelunken. Die Einrichtung ist so düster wie die Gäste, dazu läuft Punk. Sie trinken Kreuzberger für zwei Euro und flippern eine Runde.

❶ TRINKTEUFEL

Kreuzberg | www.trinkteufel.de | Mo–Do 13–4 Uhr, Fr–So durchgehend | Naunynstr. 60 | Tel. 030 6 14 71 28

19.30 UHR

Höchste Zeit für ein bisschen frische Luft und Musikstilwechsel. Nach 20 Minuten Sauerstoffpause am Kanal entlang erreichen Sie ein richtig schön kaschemmiges Irish Pub – nur echt mit grün gestrichenen Wänden und Dartscheibe. Gegen den Hunger bzw. das Bier helfen nun Spare Ribs oder Fish & Chips.

❸ DUNMORE CAVE

Neukölln | www.dunmore-cave.de | Di–So ab 17 Uhr | Maybachufer 44 | Tel. 030 6 24 12 41

21.40 UHR

Betrunken in Spelunken

Die dunkelsten Theken der Stadt

Für Ihren nächsten Stopp müssen Sie nur einmal um die Ecke gehen. Zum Glück sind Ihre Ohren jetzt schon an Punk und Heavy Metal und Ihre Augen an Schummrigkeit gewöhnt. Nur dass die Bedienung so nett ist, passt nicht ins Bild. Sie gönnen sich neben einem Bier den ersten Schnaps – die Auswahl ist schließlich nicht umsonst so groß.

❷ FRANKEN BAR

Kreuzberg | www.franken-bar.de | tgl. ab 20 Uhr | Oranienstr. 19 a | Tel. 030 6 14 10 81

20.20 UHR

Flipper und Darts hatten wir. Fehlt noch Billard. Zwei Tische stehen im Hinterzimmer der Lenau-Stuben, zu denen es nur zehn Minuten über die Pflügerstraße sind. Hier wird seit fast 100 Jahren getrunken, und manche der Stammgäste an der Theke scheinen seit dem allerersten Tag dabei zu sein. Ein Schultheiss, bitte!

❹ LENAU-STUBEN

Neukölln | Di–Do ab 16, Fr–So ab 14 Uhr | Hobrechtstr. 62 | Tel. 030 6 93 48 54

23.05 UHR

Jetzt sind Sie offiziell bereit für einen Futschi im Schlawi, wie die Stammkunden die Kneipe mit der überbordenden Wanddekoration nennen. Beruhigen Sie sich: Da hängen wirklich all diese Wanduhren, Sie sehen noch nicht doppelt. Zwei weitere Futschi (Cola/Weinbrand) und einen Pfeffi später sieht das aber eventuell anders aus.

❺ BEI SCHLAWINCHEN

Neukölln | durchgehend geöffnet | Schönleinstr. 34 | Tel. 030 6 93 20 15

00.15 UHR

20 Minuten Fußmarsch, letzter Stopp: Sterni für 1,50 Euro aus der Flasche und der ultimative Test, ob Sie noch mit kleinen Kellen noch kleinere Tischtennisbälle treffen. Falls Sie jetzt noch Wert darauf legen: Longdrinks gibt es in der Standard-Variante (»Trude«) oder als fair und bio (»Goldammer«). Frohes Versacken!

❻ TRUDE RUTH & GOLDAMMER

Neukölln | www.ruthgoldammer.de | tgl. ab 18 Uhr | Flughafenstr. 38 | Tel. 030 9 83 26 90

01.35 UHR

Beats & Bässe

Hier gibt's was auf die Ohren

Die Zeiten, als sich in der Kleinen Weltlaterne die West-Berliner Künstlerszene traf, sind schon eine Weile her. Aber das Flair ist in der urig-trutschigen Einrichtung erhalten geblieben. Sie ordern ein erstes Bier und warten, dass spätestens um 21 Uhr die Livemusik einsetzt – mal Swing, mal Blues, mal Rock.

1 DIE KLEINE WELTLATERNE

Wilmersdorf | www.diekleineweltlaterne.de | Di–Sa ab 20 Uhr | Nestorstr. 22 | Tel. 030 8 92 65 85

20.00 UHR

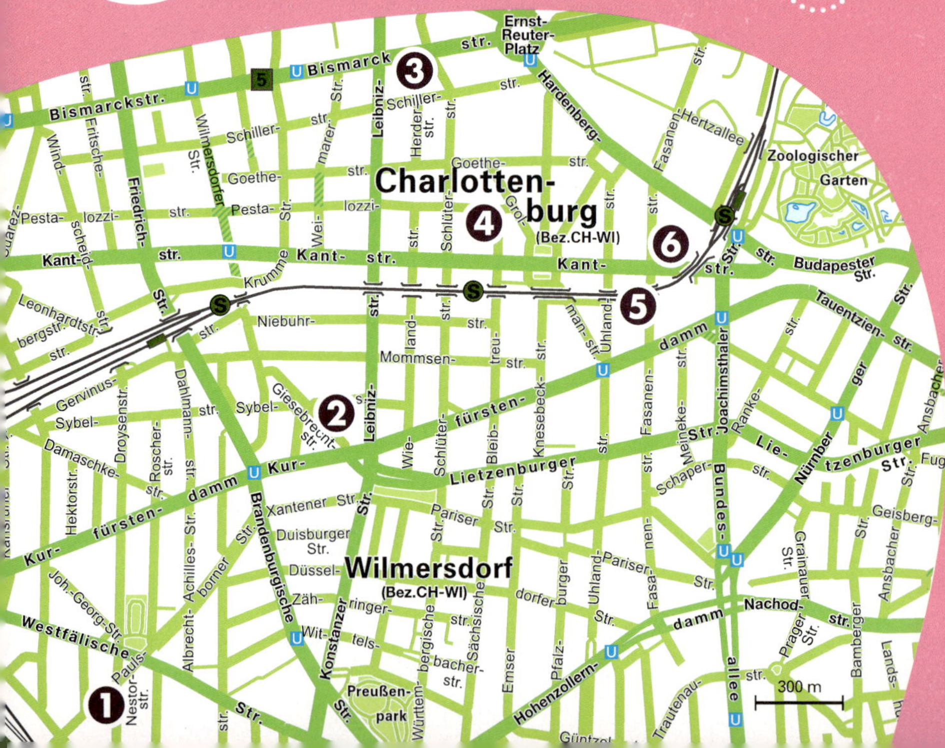

Über die Paulsborner Straße geht es zu einer weiteren West-Berliner Institution. Das Harp Pub in einer ruhigen Nebenstraße des Kudamms ist vor ein paar Jahren liebevoll saniert worden. Die Livemusik hat schon um 21 Uhr begonnen; Sie brauchen jetzt nur noch ein Black Velvet (Guinness mit Cider) dazu.

❷ IRISH HARP PUB

Charlottenburg | www.harp-pub.de | tgl. ab 12 Uhr | Giesebrechtstr. 15 | Tel. 030 22 32 87 35

21.45 UHR

Wie wäre es mit ein bisschen Bewegung, also im Sinne von Diskofox? Auf ins legendäre Tanzcafé! Es laufen Schlager und Classics; Sie schwofen dazu und plaudern ein wenig ins Tischtelefon. Der Eintritt ist frei, allerdings sind die Getränkepreise gesalzen. Aber Sie wollen ja auch nicht ewig bleiben.

❸ CAFÉ KEESE

Charlottenburg | www.cafekeese.de | Mo, Do, So 15–19.30, Di ab 19, Mi, Fr, Sa ab 19.30 Uhr | Bismarckstr. 108 | Tel. 030 3 12 91 11

22.25 UHR

Am Schiller-Theater vorbei ist es nur ein Katzensprung bis in A Trane – ein kleiner, sympathischer Jazzclub, in dem auch schon Till Brönner spielte. In der Nacht von Samstag auf Sonntag, Punkt Mitternacht, beginnt hier die Late Night Jam Session (Eintritt frei). Plätze reservieren kann man nicht, aber Sie sind ja pünktlich.

❹ A TRANE

Charlottenburg | www.a-trane.de | So–Do 20–1, Fr, Sa ab 20 Uhr bis open end | Bleibtreustr. 1 | Tel. 030 3 13 25 50

24.00 UHR

Wer hätte gedacht, dass Musik so hungrig macht? Sie schon, daher der Plan mit dem Burgerladen. Frisches Fleisch, selbst gemachte Buns und Saucen, dazu super knusprige Twister Fries. Die holzverkleidete Hütte ist nicht die größte, aber im Sommer kann man gut davor sitzen, und Sie wollen ja eh noch weiter.

❺ BURGER NOW

Charlottenburg | www.burgernow.berlin | Mo–Mi 11–1, Do 11–4, Fr 11–6, Sa 13–6, So 13–1 Uhr | Fasanenstr. 14 | Tel. 030 34 06 28 87

1.20 UHR

Einfach noch ein bisschen zu Funk, Disko oder Rock tanzen klingt gut, oder? Nur einmal die Kantstraße queren, schon stehen Sie im Quasimodo. Für eins der tollen Jazzkonzerte oder das gute Essen im Restaurant müssen Sie ein anderes Mal und früher wiederkommen. Aber noch ein wenig auspowern, das geht jetzt noch bestens.

❻ QUASIMODO

Charlottenburg | www.quasimodo.de | Club bei Veranstaltungen ab 20 Uhr | Kantstr. 12 a | Tel. 030 31 80 45 60

1.55 UHR

Zusammengebraut ...
in der Zyankali Bar

HILTONS KELLER

Früher hieß der Laden Asphalt und soll zu Madonnas Lieblingsclubs gehört haben. Heute gehen alle, die gerne im säulenbestandenen Keller des Hilton-Hotels am Gendarmenmarkt feiern und dementsprechend hohe Ansprüche haben, ins Bricks. Donnerstags und samstags läuft Hip-Hop, freitags House.

➔ **BRICKS**

Mitte | www.bricks-berlin.club | Do–Sa 23–7 Uhr | Mohrenstr. 30 | Tel. 0174 282 80 00

EIN KESSEL BUNTES

Von den Machern der Zirkus-Bar Zum Starken August gleich nebenan in der Schönhauser Allee 56 kommt die Revue-Jahrmarkt-Zirkus-Partylocation in den Räumen des ehemaligen Cabaret-Clubs Horns & Hooves. Der hat ein wenig Dekokram dagelassen, die Toaster, okkulte Schreine und Karrusselpferde hat man hinzugestellt, und nun wird hier Showprogramm mit am Wochenende anschließender Party geboten. Wer gerne zu einem Mix aus Heino, Edith Piaf und Techno tanzt und auf Porno-Karaoke steht: the place to be!

➔ **TOAST HAWAII**

Prenzlauer Berg | www.toasthawaiibar.de | Mo–Sa ab 20 Uhr | Danziger Str. 1

ABSACKER

Einer geht noch!

TRINKEN UNTER LABORBEDINGUNGEN

Seine Bar nach einer tödlichen Chemikalie zu benennen – kann man machen. Dann muss man das Absurde aber auch durchziehen, die Wände gelb streichen, Cocktails in Messbechern oder in den Aggregatzuständen Schaum oder Kügelchen servieren und das Gesamtkunstwerk ›Institut für Unterhaltungschemie‹ nennen. Genau das ist hier geschehen. Völlig logisch, dass Liköre und Absinth hausgemacht sind. Für einen langen Abend unter verrückten Professoren.

➔ ZYANKALI BAR

Kreuzberg | www.zyankali.de | tgl. ab 16 Uhr | Gneisenaustr. 17 | Tel. 030 68 83 01 70

GEHE NICHT!

Eine Party in einer Villa, die aus mysteriösen Gründen niemand verlässt. Für die Erfinder des Würgeengels offenbar eine Idealvorstellung, sonst hätten sie ihre Bar nicht nach dem mexikanischen Spielfilm von 1962 mit ebenjener Handlung benannt. Tatsächlich gibt es wenig Gründe, nicht in der Kreuzberger Institution hängen zu bleiben: Das Licht ist schummrig, die Cocktails gut sowie die Auswahl sehr groß, und gegen Hunger helfen Tapas und Tagesgerichte.

➔ WÜRGEENGEL

Kreuzberg | www.wuergeengel.de | tgl. ab 19 Uhr | Dresdener Str. 122 | Tel. 030 6 15 55 60

BRAUVAGABUNDEN SIND WIR

»We close when we close« ist schon mal eine gute Perspektive, wenn der Abend lang werden soll. In dem kleinen Laden voller Brau-Devotionalien sitzt man an langen Bierbänken und trinkt sich einmal quer durch die selbst produzierte Craft-Beer-Auswahl. Härteres für spätere Stunden wird aus der Preussischen Spirituosen Manufaktur bezogen.

➔ VAGABUND BRAUEREI

Wedding | www.vagabundbrauerei.com | Mo–Fr ab 17, Sa, So ab 13 Uhr | Antwerpener Str. 3 | 030 52 66 76 68

NICHT ZU FASSEN

Zwei Brüder, die ihre Bar nach einem Meerschweinchen aus ihrer Kindheit benannt haben – das klingt schon mal sympathisch. Den Rest erledigen in der Moritz Bar unverputzte Wände, eine Holztheke und minimalistisch-fassungslose Glühbirnen, die von der Decke baumeln. Eine Kaschemme mit Stil, Herz und selbst gemachtem Tonic. Immer montags ist Zeit für INSIDER TIPP »Gay Wedding« – zu Rockmusik gibt es zwei Gin Tonic zum Preis von einem. Schwul, lesbisch, bi oder hetero, willkommen sind alle.

➔ MORITZ BAR

Wedding | www.moritzbar.com | tgl. ab 19 Uhr | Adolfstr. 17 | Tel. 0173 6 80 76 70

HART, ABER HERZLICH

Bier, Billard, Deppen-Apostroph. In Paule's Metal Eck stimmt alles, was es zum gepflegten Versacken braucht. Dass die Gegend um die Simon-Dach-Straße zur Touristenmeile mutiert ist, ist an der Kneipe fast spurlos vorübergegangen. Die Musik ist hart, das Licht schummrig, der Schnaps günstig, und das seit 20 Jahren.

➔ PAULE'S METAL ECK

Friedrichshain | www.facebook.com/paulesmetaleck | Mo–Fr ab 17, Sa, So ab 15 Uhr | Krossener Str. 15 | Tel. 030 2 91 16 24

DIE KEGEL SIND GEFALLEN

Gardinchen an den Fenstern, Omas Kronleuchter an der Decke, sofort ein Bier und Hausmannskost auf dem Tisch, und im Keller steht die INSIDER TIPP Kegelbahn, die Sie jederzeit mieten können: Das klingt doch wie die Definition einer Altberliner Versackerkneipe, oder? Einziger moderner Zugang (außer Ihnen und den anderen Gästen): der Flachbildschirm, auf dem regelmäßig Fußball gezeigt wird. Sobald Sie dreimal da waren, begrüßt Wirt Matthias Sie auch mit Handschlag und Namen. Im Sommer sitzen Sie im kleinen Gärtchen an der Straße.

➔ BORNHOLMER HÜTTE

Prenzlauer Berg | Mo–Fr ab 17, Sa, So ab 15 Uhr | Bornholmer Str. 89 | Tel. 030 4 45 52 69

FERN VON ZU HAUSE

Blümchentapete, Vintage-Sesselchen und an der Wand steht in Leuchtschrift »I lie that I am an artist«. Wie man das halt so macht in Neukölln, wo viele aufschlagen, die gerade erst von Mama in die große Stadt geflohen sind. Das unpasteurisierte Bier vom Fass stammt aus Tschechien; die Umgangssprache ist Englisch. Nett rumsitzen und sich durchs Wodka-Sortiment trinken (mit Walnuss, mit Honig, mit Peperoni ...) geht hier sehr gut.

➔ MAMA

Neukölln | www.facebook.com/mama-74865622751 | tgl. ab 19 Uhr | Hobrechtstr. 61 | Tel. 01577 1 94 49 16

AUF RIOS SPUREN

Eine Kneipe, an deren Holztischen schon Rio Reiser saß und Jerry-Cotton-Geschichten geschrieben wurden, kann keine schlechte sein. West-Berliner Schummrigkeit, in der es ein Glas Bier oder Wein für unter drei Euro gibt. Motto: »Ein Tag ohne Bier ist wie ein Tag ohne Wein«. Das lockt alle an, vom Studi bis zum Alt-68er.

WIRTSHAUS WUPPKE

Charlottenburg | www.wirtshaus-wuppke.de | tgl. ab 11 Uhr | Schlüterstr. 21 | Tel. 030 31 50 92 17

BIER, BANDS UND BAUERN

Klare Ansage: »Wir sind eure Hauptstadt, ihr Bauern!« Seine schwäbische Herkunft sollte man in dieser Ur-Berliner Kneipe nicht zu sehr betonen. Den Laden gibt es halt schon ewig (bzw. so lange, wie sich ein Prenzlauer Berger nach regelmäßigen Doors-Besuchen erinnern kann). Dafür trinkt sich das Weddinger Eschenbräu vom Fass bei lauter Musik zwischen den Bandfoto-tapezierten Wänden rustikal nett.

DOORS

Prenzlauer Berg | www.doors-berlin.de | tgl. ab 20 Uhr | Knaackstr. 94 | Tel. 030 4 42 78 47

Happy together

In der Moritz Bar feiert man die Vielfalt

I have a dream

Beste Burger tief in der Nacht: bei Kreuzburger

Wo gibt's noch was zu essen?

HUNGER NACH MITTERNACHT

PRENZLAUER BURGER

Ja, klar gibt es den Kreuzburger auch in Kreuzberg. Aber hier soll vorwiegend der Beweis angetreten werden, dass man nachts in Prenzlauer Berg nicht nur in seiner Eigentumswohnung schlafen, sondern auch gut Burger essen kann. Die werden aus Freilandfleisch oder als vegetarische Alternative gebaut und schmecken am besten mit Süßkartoffelpommes. Da alles frisch für Sie gebrutzelt wird, muss man zu Stoßzeiten warten. Aber nachts um zwei ist der Weg frei.

➔ **KREUZBURGER**

Prenzlauer Berg | www.kreuzburger.de | So–Do 11–1, Fr, Sa 11–3 Uhr | Pappelallee 19 | Tel. 030 74 69 57 37
Kreuzberg | So–Do 11–3, Fr, Sa 11–4 Uhr | Oranienstr. 190 | Tel. 030 80 57 53 98

VAST VOOD

Nur weil es schon spät ist, muss man ja nicht gleich alle Essensvorsätze über Bord werfen. Zum Glück gibt es Döner seit 2006 in Berlin auch vegan bzw. (Jogurtsauce!) vegetarisch, »Vöner« genannt. Wird genauso von einem Spieß gekratzt und im Brot serviert wie sein tierischer Freund, ist aber aus Saitan. Alternativ im Angebot für Fastfoodis: Vish & Chips sowie Wagenburger (Getreide-Gemüse-Bratling).

➔ **VÖNER**

Friedrichshain | www.facebook.com/Voener | tgl.12–23, im Winter Mo–Do nur bis 22 Uhr | Boxhagener Straße 56

AUF HARALDS SPUREN

Schon Harald Juhnke wusste die legendäre Wurst hier zu schätzen. Zu seinen besten Zeiten wurde der Imbiss als Schickimicki-Anlaufstelle bekannt, die zur Currywurst mit hausgemachter, scharfer Sauce Champagner kredenzte. Auch heute ist man noch mit Dom Perignon auf prominente bzw. gut verdienende Gäste vorbereitet. Die Imbissklassiker Wurst und Pommes tun's aber auch.

➔ **BIERS KUDAMM 195**

Charlottenburg | Mo–Do 11–5, Fr, Sa 11–6, So 12–5 Uhr | Kurfürstendamm 195 | Tel. 030 8 81 89 42

AM SCHLESI GEHT'S RUND

Der Klassiker des Berliner Nachtlebens liegt direkt am Schlesischen Tor und damit optimal für alle, die mit großem Hunger aus dem Watergate, Lido oder Musik und Frieden stolpern. Den Döner gibt es in den Varianten Hähnchen, Rind oder Kalb (manchmal wird auch Pute angeboten). Pommes, türkische Pizza und Falafel stehen natürlich auch auf der Karte. Im Falle einer drohenden Unterzuckerung helfen türkische Süßigkeiten wie Baklava.

➔ BAGDAD BISTRO

Kreuzberg | **durchgehend geöffnet** | **Schlesische Str. 2** | Tel. 030 6 12 69 62

PIZZA IST DAS NEUE SCHWARZ

Wer hat eigentlich beschlossen, dass dem nächtlichen Hunger mit Döner und Pommes begegnet werden muss? Für Sie getestet: Pizza und Pasta machen den Job ebenso gut. Knusprig und frisch sind die großen Pizzastücke im La Pausa am Rosenthaler Platz, und falls Ihnen nachts um halb fünf nach Carpaccio oder Vitello Tonnato sein sollte, werden Sie ebenso versorgt.

➔ LA PAUSA

Mitte | www.lapausa.de | So–Mi 11–3, Do–Sa 11 Uhr bis open end | Torstr. 125 | Tel. 030 24 08 31 08

EIN HUHN GIBT ALLES

Egal, ob Sie Hähnchen oder Broiler sagen, die knusprig gebackenen Tiere werden hier nachts im Minutentakt zerlegt. Als Alternative zum halben Hähnchen wird dem Namen mit Geflügelfrikadellen, Hähnchenspießen und Chicken Nuggets genüge getan. Dazu gibt es Pommes, Salat und selbst gemachte Saucen. Falls die Schlange zu lang erscheint: Einmal quer über die Straße hat vor ein paar Jahren eine zweite Filiale aufgemacht.

➔ HÜHNERHAUS 36

Kreuzberg | www.hühnerhaus.com | tgl. 11–3 Uhr | Görlitzer Str. 1 | Tel. 030 6 12 25 32
Kreuzberg | tgl. 10–3 Uhr | Skalitzer Str. 95a | Tel. 030 69 00 45 88

Jederzeit

Frühstück oder Konterbier: Das Schwarze Café hat beides

KATER-FRÜHSTÜCK

Rollmops & Co machen wieder froh

EIN HOCH AUF DIE GEMÜTLICHKEIT

Jetzt müssen Sie sich dringend auf ein bequemes Sofa fallen lassen? Und ein wenig Oma-Wohnzimmer-Atmosphäre wäre nach der Hipness der vergangenen Stunden auch ganz schön? Dann ist das schnuckelige Café in einer Stichstraße der Sonnenallee genau das Richtige für Sie. Neben liebevoll angerichteten Frühstücksklassikern samt Brötchen, Wurst/Käse und Pasten gibt es Pancakes. Am Wochenende (10–16 Uhr) wird gebruncht.

➔ CAFÉ DRITTER RAUM

Neukölln | www.cafe-dritter-raum.de | Di–Fr 9–20 (Frühstück bis 14), Sa, So 10–20 Uhr | Hertzbergstr. 14 | Tel. 030 55 64 35 52

RUND UM DIE UHR

Falls Ihnen schon gegen 3.45 Uhr nach Katerfrühstück sein sollte, kann Ihnen geholfen werden. Denn die Charlottenburger Café-Institution macht niemals zu. Sie müssen sich nur noch entscheiden, ob Sie unter der Stuckdecke lieber Käse, Lachs oder Avocado, Brötchen oder Croissant oder doch eine Runde gebratene Maultaschen einnehmen wollen. Bei Bedarf bekommen Sie auch ein Konterbier.

➔ SCHWARZES CAFÉ

Charlottenburg | www.schwarzescafe-berlin.de | durchgehend, Ausnahme Di 3–10 Uhr geschl. | Kantstr. 148 | Tel. 030 313 80 38

VITAMINE HIER EINFÜLLEN

Nach so viel Alkohol und Tanz braucht Ihr Körper dringend Vitamine (oder zumindest das gute Gefühl, das mit deren Verzehr einhergeht)? Dann ist es höchste Zeit für ein Smoothie lustigen Namens wie »Purifier« (Gurke, Minze, Ingwer, Spinat und Avocado) oder »Dr. Snuggels« (Banane, Basilikum, Kirsche, Spitzkohl). Interessante Saftkreationen, Suppen sowie guten Kaffee, ohne den nach einer Partynacht gar nichts geht, gibt es ebenfalls.

➔ LIQUID GARDEN

Prenzlauer Berg | www.liquidgarden.berlin | Mo–Fr 8–18, Sa ab 10, So ab 12 Uhr | Stargarder Str. 72 | Tel. 0176 80 00 33 78

WOCHEN-
ENDE – GANZ
GEDIEGEN

BRUNCH'N' BREAKFAST

Raus aus den Federn, ran ans Buffet

UNTER UNS

Yep, das ist alles euers bzw. unseres. So haben sich das die Macher des kleinen Ladens gedacht, als sie ihm den Namen »Unser Café« gaben. Hier sind Freunde von Freunden unter Freunden, um den ganzen Tag Grapefruit Brülée, Bananenbrotsandwich, Frühstücksflammkuchen oder den Klassiker Wurstkäsebrötchen zu frühstücken. Für den perfekten Morgen sitzt man dank unverbaubarer Lage direkt an den S-Bahngleisen im Sommer draußen immer in der Sonne.

➔ UNSER CAFÉ

Prenzlauer Berg | www.unser-cafe-berlin.de | Mo–Fr 7–20, Sa, So 9–20 Uhr | Dänenstr. 14 | Tel. 030 40750218

GELASSEN IN KREUZBERG

Hier werden klare Ansagen gemacht: »Käse«, »Vegan« oder »Fisch« heißen die Frühstücke, was eine erfrischende Alternative ist zu »Ich hätte gerne das Elizabeth Taylor ohne Salami, aber mit Nutella«. Auch sonst gibt sich das Nest entspannt schnörkellos. Samstags werden zusätzlich diverse Ei-Varianten angeboten; sonntags steht Brunch auf dem Programm.

➔ NEST

Kreuzberg | www.cafenest.de | tgl. ab 10 Uhr, Frühstück Mo–Fr bis 12, Sa bis 16 Uhr, Brunch So 10–16 Uhr | Görlitzer Str. 52 | Tel. 030 62735787

KOLLEKTIVER FRÜHSTÜCKSTAUMEL

Weil der Ansturm auf das vegan-vegetarische Frühstücksbuffet am Wochenende so groß ist, wird es zur Entspannung der Lage auch am Freitag angeboten. Zur Auswahl steht alles vom veganen Rührei über eingelegten Tofu bis zu Salaten und Pasten. INSIDER TIPP Am Ende zahlt jeder, was er kann – zwischen sechs und zwölf Euro. Ist schließlich ein Kollektiv, dass hierarchiefrei den Laden betreibt.

➔ CAFÉ MORGENROT

Prenzlauer Berg | www.morgenrot.blogsport.eu | Di–Do ab 10, Fr–So ab 11 Uhr, Brunch Fr–So 11–15 Uhr | Kastanienallee 85 | Tel. 030 4431784

Auf-
wachen!
Bei Rockmusik im Beakers

DER AMERIKANISCHE TRAUM

Sie leben kalorienbewusst? Bitte gehen Sie weiter, hier gibt es nichts zu sehen. Alle anderen finden in diesem hippen Laden alles, was US-Amerikaner für Frühstück halten. French Toast! Pancakes! Bacon-and-Banana-Marshmallow-Fluff-Sandwich! Samstag und Sonntag gibt es das Comfort-Food von 10 bis 17 Uhr als Brunch.

➔ THE CALIFORNIA BREAKFAST SLAM

Neukölln | www.cabslam.com | Mo, Do, Fr 11–22, Sa 10–22, So 10–18 Uhr | Innstr. 47 | Tel. 030 6 86 96 24

ROCK'N'BREAD

Wer nach der vorausgegangenen Partynacht noch Lärm verträgt, ist hier genau richtig. Zu Rockmusik servieren freundliche Tätowierte Frühstück, das man sich nach dem Baukastensystem selbst zusammenstellen kann. Sie mögen gerne Rührei mit Ahornsirup und Lachs? Alles ist möglich. Entscheidungsschwächlinge können auch aus der großen Sandwich-Auswahl ordern. Wer besonders langsam isst, erlebt eventuell noch eins der INSIDER TIPP Unplugged-Konzerte, die hier abends regelmäßig stattfinden.

➔ BEAKERS

Prenzlauer Berg | www.beakers.de | Mo–Fr ab 10, Sa, So ab 9 Uhr | Dunckerstr. 69 | Tel. 030 55 57 58 50

Was nehm' ich nur?

Zum Glück haben Sie im Masel Topf bis 15 Uhr Zeit, sich zu entscheiden

FÜR ENTDECKER

Der Name verpflichtet, dementsprechend kann man im Jules Verne zwischen der »Reise zum Mittelpunkt der Erde« (Spiegeleier mit Bratkartoffeln), »In 80 Tagen um die Welt« (Roastbeef, Lachs, Honig-Zimt-Quark) oder »Nord gegen Süd« (Pancakes) wählen. Zum Brunch am Wochenende für 14,50 Euro wird im gediegenen Ambiente alles von der Räucherforelle bis zur Crème brûlée aufgetischt.

➔ JULES VERNE

Charlottenburg | www.jules-verne-berlin.de | tgl. 9–1, Küche bis 23.30 Uhr, Frühstück 9–15, Brunch Sa, So, Fei 9–14.30 Uhr | Schlüterstr. 61 | Tel. 030 31 80 94 10

STRESS DICH NICHT

Entspannter Brunch mit gutem Gewissen gefällig? Den bietet das vegane Restaurant jeden Samstag und Sonntag von 11 bis 15 Uhr. Für 14 Euro gibt es alles von Baked Beans bis zu Pancakes, ganz ohne tierische Produkte, und INSIDER TIPP auch für Gluten-Unverträgliche ist gesorgt. Nur einen Pelz sollten Sie zu diesem Anlass nicht tragen – damit muss man nämlich draußen bleiben. Da viele der Gäste gerne sehr lange im Viasko verweilen und auch nach 15 Uhr hier niemand rausgeschmissen wird, empfiehlt es sich, frühzeitig zu reservieren.

➔ VIASKO

Kreuzberg | www.viasko.de | Brunch Sa, So 11–15 Uhr, Restaurant Mi–So ab 17 Uhr | Erkelenzdamm 49 | Tel. 030 40 75 19 12

PARLEZ-VOUS FRÜHSTÜCK?

Seit 15 Jahren wird hier nach Nationen sortiertes Frühstück und am Wochenende für zehn (Sa) bzw. elf (So) Euro ein riesiges Brunchbuffet angeboten. Damit war das Schraders schon da, als der Wedding noch kein bisschen kam, was den Laden wesentlich gelassener macht als vieles, was sich seitdem angesiedelt hat. Im Sommer ist gut Draußensitzen. Am Wochenende sollten Sie aber besser reservieren.

➔ **SCHRADERS**

Wedding | **www.schraders-berlin.de | Mo–Fr ab 9.30, Sa, So ab 10 Uhr, Frühstück bis 13 Uhr, Brunch Sa, So 10–15 Uhr | Malplaquetstr. 16 b | Tel. 030 45 08 26 63**

ALLEE DER INKLUSION

Biozertifiziert, fair, preiswert. Das Kulturcafé Tasso serviert köstliches Frühstück, kombiniert mit einem Antiquariat mit Büchern im Nebenraum. Im Café arbeiten Menschen mit und ohne Handicap. Ein Klassiker auf der Frühstückskarte ist die »Allee« mit Salami, Schinken, Käse und Marmelade. Doch auch die Varianten »Alm« und »Brandenburg« machen satt und glücklich.

➔ **CAFÉ TASSO**

Friedrichshain | **www.cafe-tasso.de | tgl. 9.30–20 Uhr, Frühstück Mo–Fr bis 15, Sa, So bis 16 Uhr, Küche bis 17 Uhr | Frankfurter Allee 11 | Tel. 030 48 62 47 08**

SHALOM, BRUNCH!

Frische Früchte, kalte Platten, warme Hauptspeisen und ein eigener Desserttisch: Immer wieder sonntags wird im auf moderne, jüdische Küche spezialisierten Masel Topf das Brunchbuffet aufgefahren. Wiederkommen lohnt sich, denn es sieht jede Woche anders aus.

➔ **MASEL TOPF**

Prenzlauer Berg | **www.restaurant-maseltopf.de | Brunch So 10–15 Uhr, Restaurant Mo–Sa 11–24, So 10–24 Uhr | Rykestr. 2 | Tel. 030 44 31 75 25**

VOLLE KRAFT VORAUS

Fisch und Meeresfrüchte gehören natürlich auf einen holländischen Frachtensegler, selbst wenn der am Landwehrkanal vor Anker liegt. Zum Frühstück gibt es Matjes, Krabben-Vollkornbrot und Eier vom Biohuhn, im Sommer auf der Sonnenterrasse. Falls Fische für Sie ins Wasser, aber nicht auf den Teller gehören, nehmen Sie etwa das Van-Loon-Frühstück mit geräuchertem Schinken, Cassis-Frischkäse und Obstsalat. Am Wochenende gibt es INSIDER TIPP dreistündige Brunch-Fahrten (ab 10 oder 11 Uhr, 36,50 Euro inkl. Buffet) mit den Schwesterschiffen Philippa oder Josephine. Achtung: im Winter eingeschränkter Service – Website checken!

➔ **VAN LOON**

Kreuzberg | **www.vanloon.de | Frühstück tgl. 9.30–15.30 | Carl-Herz-Ufer 7 (im Urbanhafen, Höhe Baerwaldbrücke) | Tel. 030 6 92 62 93**

NESSI IN NEUKÖLLN

Was ein frisches, hauptsächlich biologisches Frühstück ist, das wissen wir. Aber warum heißt der Laden, der es serviert, so komisch? Des Rätsels Lösung ist ein urbaner Mythos, den das Café Ungeheuer Neukölln selbst verbreitet. Demnach treibt ein seltsames Insekt im Kiez sein Unwesen. Halb Biene, halb Fliege, taucht es nachts in Bars und Kneipen auf, nur um rasch wieder zu verschwinden – so wie bei Nessi, nur ohne Loch. Wer mehr wissen will, muss die Örtlichkeiten aufsuchen. Wie gesagt: Allein das Frühstück ist den Besuch wert.

➔ **UNGEHEUER NEUKÖLLN**

Neukölln | **www.ungeheuer-neukoelln.de | Mo 10–15, Di 18–24, Mi, Do 10–14.30 u. 18.30–23.45, Fr, Sa 10–2, So 10–16 Uhr | Emser Str. 23 | Tel. 030 62 73 22 04**

BUCH 'N' BAGEL

Wer früher kommt, hat mehr gelesen, bis sich die traditionell eher spät aufstehenden Friedrichshainer auch in den fremdsprachigen Buchladen mit angeschlossenem Bagel-Café bequemen. Vorwiegend französische und englische Literatur trifft Café au Lait trifft New-Yorker-Bagelrezepte trifft einen perfekten Wochenendauftakt.

➔ SHAKESPEARE AND SONS

Friedrichshain | www.shakesbooks.de | Mo–Sa 9–20, So 10–20 Uhr | Warschauer Str. 74

Guten Morgen, Samstag!

Dafür lohnt's sich aufzustehen

AUF DIE KINO-COUCH

Unter Cineasten in einem Wohnzimmerkino startet es sich entspannt ins Wochenende. Das b-ware ist Videothek, Café und Kino in einem und zeigt den ersten Film am Samstag um 11 Uhr. Dann läuft alles, was kein Blockbuster ist, vom tschechischen Coming-of-age-Film bis zum koreanischen Roboter-Drama, meist als Original mit Untertiteln.

➔ B-WARE LADENKINO

Friedrichshain | www.ladenkino.de | tgl. ab 11 Uhr | Gärtnerstr. 19 | Karten kosten 6,50 Euro, am Di 5 Euro | Tel. 030 20 07 88 88

RUNDEN UND GEWÖLBE

Früh um sieben ist die Welt noch in Ordnung. Sowohl die Hotelgäste als auch die Prenzlauer Berger schlafen nämlich noch, während Sie schon unter dem beeindruckenden Gewölbe der denkmalgeschützten und frisch sanierten Schwimmhalle des Stadtbads in der Oderberger ihre Runden drehen. Zwei Stunden kosten sechs Euro. Ab und an wird die Halle für Veranstaltungen gesperrt – vorher Website checken!

➔ STADTBAD ODERBERGER STRASSE

Prenzlauer Berg | **www.hotel-oderberger.berlin/bad | meist 7–22 Uhr | Oderberger Str. 57 | Tel. 030 81 82 80 76 76**

KAMPF, GANZ ENTSPANNT

Xingyi – bitte was?! Keine Sorge, die richtige Aussprache dieser Mischung aus Kung-Fu und Tai Chi ist nicht erforderlich, um bei der freundlichen Gruppe mitzumachen, die sich samstags am Fennpfuhlpark trifft, um mit chinesischer Kampfkunst ins Wochenende zu starten. Kostet nichts, macht aber Spaß, und ist sowas von Zen. Vorher anrufen ist allerdings angesagt, um sicherzugehen, dass dieses Xingchangdings auch wirklich stattfindet.

➔ XINGYIQUA

Lichtenberg | **Sa 12.30, Do 18 Uhr | Anton-Saefkow-Platz 3 | Tel. 0170 5 21 38 53**

BASTEL-ALARM

Sie mögen den Samstagvormittag kreativ-wuselig, aber Sie können sich echt nicht schon wieder im Baumarkt blicken lassen, wo Sie schon die vergangenen Wochen vor den Acrylfarben rumlungerten? Auf zu Modulor, wo über 7000 ungewöhnliche Deko- und Modellbauartikel auf fantasievolle Kundschaft warten! Hier treffen Sie auch genug Gleichgesinnte zum Fachsimpeln. Wer härtere Bastelgeschütze auffahren will, kann Modellbaumaschinen und Werkzeuge leihen.

➔ MODULOR

Kreuzberg | **www.modulor.de | Mo–Fr 9–20, Sa 10–18 Uhr | Prinzenstr. 85 | Tel. 030 69 03 60**

WILL MITTAG-ESSEN!

Open for Lunch
Samstags ins Rosa Lisbert in der Arminius-markthalle

TEL AVIV IN BERLIN

Ein Teller Hummus, frisch gebackenes Fladenbrot und ein Kaffee mit leichter Kardamomnote – den perfekten Lunch-Stopp fürs Shoppen in Mitte bietet dieser sympathische Laden ein Stück abseits der Torstraße. Alternativ gibt es geröstete Auberginen mit Tahini oder gestampfte Tomaten mit Feta. Die Teller sind mit um die zehn Euro zwar nicht ganz billig. Dafür werden sie spendabel genug gefüllt, um zu teilen.

➔ YAFO

Prenzlauer Berg | www.yafoberlin.com | tgl. ab 12 Uhr | Gormannstr. 17 b | Tel. 030 92 35 02 50

MARKTTAG

Was wäre ein Wochenende ohne Marktbesuch? In der renovierten, historischen Arminiusmarkthalle in Moabit können Sie sich für die Woche eindecken und zum Mittag (aber nur am Samstag!) elsässische Küche genießen, etwa frische, auf Buchenholz gebackene Flammkuchen, Aal oder Pferdeschinken. Angst vor Zuschauern sollte man dabei nicht haben, denn das Restaurant ist offen in die Markthalle integriert – was jedoch auch seinen Charme ausmacht. Falls Sie sich über den Namen wundern: Die beiden Macher Lisa Meyer und Robert Havemann haben ihre dafür zusammengeworfen.

➔ ROSA LISBERT

Moabit | www.rosalisbert.de | Di–Fr ab 17, Sa ab 12 Uhr | Arminiusstr. 2–4 | Tel. 0152 21 98 29 23

SO! VIEL! GEMÜSE!

Diese Bowls sind wirklich die besten (und nebenher gesündesten) – egal ob Hummus, Curry-Blumenkohl und Cranberry-Rotkohl zur Oriental-Bowl oder Butternusskürbis, Rote Bete und Edamame-Erbsen zur Harvest Bowl kombiniert werden. Pitas und Salate gibt es auch. Die zweite Filiale in der Dorotheenstr. 83 muss man sich fürs Office-Lunch merken (Mo–Fr 11–20 Uhr).

➔ BEETS & ROOTS

Mitte | www.beetsandroots.de | Mo–Fr 11–21.30, Sa, So ab 12.30 Uhr | Große Hamburger Str. 38

IM GRÜNEN

Am Neuen See im Tiergarten lässt sich am Wochenende das Mittagessen im Sommer auf der Terrasse des Biergartens, im Winter am Kamin des großen Gastraums genießen. Die Speisekarte ist bayerisch-italienisch, was zum Glück keine Weißwurstpasta, sondern krosse Pizza und selbst gebackene Brezeln mit Leberkäse bedeutet.

➔ CAFÉ AM NEUEN SEE

Tiergarten | www.cafeamneuensee.de | tgl. ab 9 Uhr | Lichtensteinallee 2 | Tel. 030 2 54 49 30

CHAMPAGNER!

Wer am Wochenende mit Vorliebe über den Kurfürstendamm schlendert, der möchte mittags sicher auch gerne stilvoll lunchen. Eine gute Adresse dafür ist das Belmondo mit seiner erlesenen französischen Küche, zu der man aus sieben verschiedenen Champagnersorten auswählen kann. Nichts für Sparbrötchen, aber man gönnt sich ja sonst nichts.

➔ BELMONDO

€€€ | Charlottenburg | www.belmondo-berlin.de | tgl. 12–23 Uhr | Knesebeckstr. 93 | Tel. 030 36 28 72 61

Stäbchen-ballett

Auf der Thai-Wiese brutzeln Gemüse und Fleisch friedlich nebeneinander

HERZHAFTES MIT SPREEBLICK

Wochenendspaziergang gefällig? Einmal durch die Neubauviertel an der Rummelsburger Bucht entlang und danach gleich hinter der Boulderhalle in die Hafenküche einkehren. Hier wird Essen serviert, das auch Oma schmeckt: Rinderbraten mit Rosenkohl, Wiener Schnitzel oder Doradenfilet. Damit sich Hipster ebenso wohlfühlen, werden ab und an Ruccola und Avocado untergemischt. Den Spreeblick gibt es gratis dazu. Sie wollen Ihr Mittagessen lieber selbst auf den Grill packen? Dann mieten Sie INSIDER TIPP Grillplätze (bei Bedarf samt Grillgut).

➔ HAFENKÜCHE

Rummelsburg | www.hafenkueche.de | Mo, Di 10–16, Mi–Fr 10–23, Sa, So 9–23.30 Uhr | Zur alten Flussbadeanstalt 5 | Tel. 030 42 21 99 26

AUF DIE HAND

Mini-Pies, Galettes oder doch lieber asiatische Burger? Ausschließlich sonntags, dann aber schon ab Mittag, können Sie sich quer durch alle Nationen und Wagen des Street-Food-Markts futtern, der auf dem Gelände der Kulturbrauerei gastiert. Günstig sind die meist kleinen Portionen zwar nicht. Aber dafür können Sie mehr probieren.

➔ STREET FOOD AUF ACHSE

Prenzlauer Berg | www.streetfoodaufachse.de | So 12–18 Uhr | Schönhauser Allee 36 | Tel. 030 44 31 07 37

KURZTRIP NACH BANGKOK

Die Sonne scheint? Der Magen knurrt? Decke untern Arm und ab in den Preußenpark am Fehrbelliner Platz – am Wochenende auch als Thai-Wiese bekannt. Schließlich haben Thailänderinnen zuerst ihre Garküchen auf dem Rasen aufgebaut, um wie in ihrer Heimat gewohnt zu braten und brutzeln. Inzwischen haben sich auch andere asiatische Köche dazugesellt. Mit deutschen Steuer- und Hygieneregeln ist das alles zwar nicht wirklich zu vereinbaren, aber bislang drückt der Bezirk ein Auge zu.

➔ THAI-WIESE

Wilmersdorf | www.thaipark.de | Sa, So ab 12 Uhr | Brandenburgische Str. (Preußenpark)

KATER TRIFFT FISCH

Nur für den unwahrscheinlichen Fall, dass es gestern ein Bier zu viel war: Sojasauce ist ein fantastisches Mittel gegen Kater. Zusammen mit bestem Sushi wird sie im Miyaki serviert, das auch für Vegetarier eine große Auswahl anbietet.

➔ MIYAKI

Friedrichshain | www.miyaki-sushi.de | tgl.11–23 Uhr | Boxhagener Str. 121 | Tel. 030 50 56 57 10
Prenzlauer Berg | tgl.11–23 Uhr | Raumerstr. 28/29 | Tel. 030 47 39 94 60

SOS, Regen-sonntag!

I WANT TO BREAK FREE

Eine durchgefeierte Hipsterwohnung in Friedrichshain, 60 Minuten Zeit und eine Aufgabe: den Weg nach draußen finden (wo es danach hoffentlich nicht mehr regnet). Doch den versperren ein paar knifflige Rätsel. Körperliche Fitness ist nicht vonnöten, dafür aber detektivischer Spürsinn. Größer als acht Personen sollte die Gruppe nicht sein.

➔ **HIPSTER ESCAPE PARTY**

Friedrichshain | **www.hipster-escape-party.de | nach Vereinbarung | 20 Euro p. P. | Gürtelstr. 25 | Tel. 0152 56 80 86 81**

UNTER TAGE

So grau und kalt wie das Wetter gerade ist, war in Berlin auch mal die politische Stimmung. Die Bunkeranlagen, die gegen Atomkrieg und ABC-Waffen schützen sollten, werden heute von einem privaten Verein bei Führungen zugänglich gemacht. Da gruselt nicht nur der Blick auf den Bunker-Speiseplan (Dosenfutter!). Immerhin: Unter der Erde ist es trocken. Und ziemlich spannend.

➔ **BERLINER UNTERWELTEN**

Gesundbrunnen | **www.berliner-unterwelten.de | Ticketverkauf Brunnenstr. 105 sowie online | Tel. 030 49 91 05 17**

ÜBERDACHTES STÖBERN

Ein Sonntag ohne Flohmarkt ist ein verlorener Tag? Zum Glück gibt es den in Berlin auch in der überdachten Variante. In der Arena Treptow findet sich alles vom Loriot-Gedächtnissofa bis zum Ersatzauge für die Lieblingspuppe. Es gilt nur, zwischen Türklinkentürmen und Turnschuhbergen nicht den Überblick zu verlieren.

➔ **TREPTOWER HALLENTRÖDELMARKT**

Treptow | **www.hallentrödelmarkt-berlin-treptow.de | Sa, So 10–16 Uhr | Eichenstr. 4 | Tel. 0172 3035775**

SONNTAGS BEI KROKODILS

Anderen beim Nasswerden zusehen? Besonders stilvoll geht das im Aquarium des Berliner Zoos. Seit über 100 Jahren schwimmt durch hiesige Becken, was sonst in Meeren und Seen weltweit zu Hause ist. Zum Aufwärmen geht es in die tropisch aufgeheizte Krokodilhalle – keine Sorge: Die Besucher bleiben auf der Hängebrücke, die Tiere darunter.

➔ **AQUARIUM BERLIN**

Tiergarten | **www.aquarium-berlin.de | tgl. 9–18 Uhr | Tagesticket 15,50 Euro p. P. | Budapester Str. 32 | Tel. 030 254010**

GOLFING IN THE DARK

Überdachtes Minigolf – gut und schön. Aber wenn schon, dann kann man auch gleich das Licht ausmachen. Im Untergeschoss des Parkcafés im Görlitzer Park wird der Spaß mit Schwarzlicht und 3D-Effekten an den Wänden angeboten. Auch perfekt für Kinder, die keine Angst im Dunkeln haben.

➔ **SCHWARZLICHT-MINIGOLF**

Kreuzberg | **www.minigolf-in-berlin.de | Mo–Do 14–22, Fr 14–24, Sa 10–24, So 10–22 Uhr | 6,50 Euro pro Runde, 3-D-Brille 1,50 Euro zusätzlich | Görlitzer Str. 1 | Tel. 030 61621960**

TORTEN-SCHLACHT

Am Sonntag gehört die Sahnetorte mir

ES GEHT RUND

Ja, der Name ist albern und überhip. Da die Zimt-, Mohn- oder Kirschschnecken aber so bombastisch in Geschmack und Größe sind, kann man darüber hinwegsehen. Leider ist der Andrang trotz neuer Filialen vor allem am Wochenende groß. Nach Hause mitgenommen, schmeckt der Traum in Hefeteig zum Glück auch.

➔ ZEIT FÜR BROT

Mitte | www.zeitfuerbrot.com | Mo–Fr 7.30–20, Sa 8–20, So 8–18 Uhr | Alte Schönhauser Straße 4 | Tel. 030 28 04 67 80

Prenzlauer Berg | Mo–Sa 7–20, So 8–20 Uhr | Eberswalder Str. 26 | Tel. 030 89 54 56 00

Um-werfend lecker, diese Schwarzwälder Kirsch!

FÜR TRADITIONALISTEN

Für dieses Café wurde das Wort trutschig erfunden. Strukturtapete, Aquarelle an den Wänden und Holzstühle mit Stoffbezug – alles wie in Tante Käthes Wohnzimmer und damit für den modernen Kaffeehausgänger etwas gewöhnungsbedürftig. Aber der Kuchen! 160 Jahre Backerfahrung sind nicht zu überschmecken. Mittlerweile wird der Familienbetrieb in der fünften Generation geführt. Wer einen Klassiker probieren möchte, bestellt den Baumkuchen.

➔ KONDITOREI-CAFÉ BUCHWALD

Tiergarten | **www.konditorei-buchwald.de | tgl. 9–19 Uhr | Bartningallee 29 | Tel. 030 391 59 31**

CREME DE LA CREME

Hauptsächlich backt Dilek Topkara ihre Red-Velvet-Törtchen und Mohngugelhupfs als Catering. Doch am Wochenende kommt man im Biedermeier-Wohnzimmer-Café in der sonst nicht so wirtlichen Ecke des Gesundbrunnens in den Genuss der Direktversorgung. Da Topkara Lebensmitteltechnologie studiert hat, muss man sich um Standhaftigkeit und optimale Nährstoff-Zusammenstellung der dicken Cremeschichten keine Sorgen machen.

➔ DILEKEREI

Gesundbrunnen | **www.dilekerei.com | Sa, So 12–18 Uhr | Eulerstr. 11b | Tel. 030 92 90 01 22**

ALLES KÄSE

Unterm Kronleuchter ist gut Kuchenessen, das beweist das gemütliche Café in Friedrichshain. Die Auswahl der natürlich selbst gebackenen Kuchen ist groß und wechselt häufig. Käse-Pfirsich, Käse-Apfel oder doch lieber Käse-Vanille? Auch Veganer können hier zuschlagen.

➔ KUCHENRAUSCH

Friedrichshain | **www.kuchenrausch.de | tgl. ab 9 Uhr | Simon-Dach-Str. 1 | Tel. 030 55 95 38 55**

GLÜCK IN KUCHENFORM

Mohnkuchen mit Kokos und Himbeersauce! Oh, Mohnkuchen mit Kokos und Himbeersauce! An den sollte man bei Gelegenheit mal eine Ode schreiben, was nicht bedeutet, dass Apfel-, Käse- und Zitronenkuchen in dem kleinen Weddinger Juwel hinter dem Leopoldplatz nicht auch schmecken. Auch die Brownies sind saftig. Statt der obligatorischen Kekse gibt es zu jedem Kaffee einen Löffel frisch gebackenen Kuchen dazu.

➔ AUF DER SUCHE NACH DEM VERLORENEN GLÜCK

Wedding | **Mo–Do 9–20, Fr 9–24, Sa 10–20, So 10–18 Uhr | Nazarethkirchstr. 43 | Tel. 030 53 08 01 13**

AUSZEIT MIT SEEBLICK

Das Engelbecken war bis vor 100 Jahren Teil des Luisenstädter Kanals, der Mitte und Kreuzberg voneinander trennte. Übrig ist heute noch ein kleiner Teich direkt vor der großen Terrasse des Cafés. Im Sommer wurden dort schon Wasserschildkröten gesichtet; INSIDER TIPP im Winter wird die Fläche zur Eisbahn, sodass Sie und Ihre Schlittschuhe den Kuchen direkt wieder abtrainieren können. Perfekt für eine kleine Wochenendauszeit in der großen Stadt.

➔ CAFÉ AM ENGELBECKEN

Kreuzberg | **www.cafe-am-engelbecken.de | tgl. ab 10 Uhr | Michaelkirchplatz/Engelbecken | Tel. 0157 75 43 17 95**

SONNTAGABEND, TATORTZEIT

... die Ermittlungen ergeben: Hier klingt das Wochenende schön aus!

STULLE, BIER UND »TATORT«

Eigentlich ist das Hops & Barley für sein selbst gebrautes Bier bekannt. Doch dazu lassen sich als klassisches Abendbrot Stulle mit Knacker, Käse oder veganer Paste bestellen. Das Treberbrot (mit Biertreber) dazu wird selbstverständlich selbst gebacken. Im Raucherraum läuft jeden Sonntag der »Tatort«.

➔ HOPS & BARLEY

Friedrichshain | www.hopsandbarley.eu | Mo–Fr ab 17, Sa, So ab 15 Uhr | Wühlischstr. 22-23 | Tel. 030 29 36 75 34

IMMER WIEDER SONNTAGS

Der Frannz-Club in der Kulturbrauerei kann alles: Konzerte, Parties, Sarah Kuttners »Schöne Nerdnacht«. Und natürlich jeden Sonntag zum »Tatort Frannz« nach der Tagesschau das Erste einschalten und auf Großbildleinwand den liebsten Wochenendausklag der Deutschen zeigen. Praktischerweise kostet das Gemeinschaftserlebnis nicht mal Eintritt. Flammkuchen, Burger oder den Klassiker Currywurst gibt es vorher im zum Club gehörigen Restaurant Ausschank, das im Sommer auch im Biergarten serviert.

➔ FRANNZ

Prenzlauer Berg | www.frannz.eu | So–Di 12–24, Mi, So bis 1, Fr, Sa bis 5 Uhr | Schönhauser Allee 36 | Tel. 030 72 62 79 30

ALTE HEIMAT

Zum Wochenende gehört ein Essen wie damals bei Oma? Dann lohnt sich ein Abstecher ins Marjellchen. So nannte man in Ostpreußen die jungen Mädchen, und da Ramona Azzaros Oma aus Ostpreußen stammte, heißt heute so ihr Lokal. Auf den Tisch kommen Spezialitäten aus Preußen, Pommern und Schlesien – etwa Königsberger Klopse oder Schlesisches Himmelreich (Rauchfleisch, Backobst, Hefekloß). Zum Nachtisch passen noch die Mohnklöße rein.

➔ MARJELLCHEN

Charlottenburg | www.marjellchen-berlin.de | tgl. ab 17 Uhr | Mommsenstr. 9 | Tel. 030 8 83 26 76

AUF DEM DORF

Der Sonntagsspaziergang durch den Tegeler Fließ war lang und jetzt sind Sie in Lübars gestrandet und wissen nicht weiter? Auf in den Alten Dorfkrug! Lübars hat sich seine Dorfstruktur erhalten, und entsprechend traditionell ist auch die Speisekarte in der Schenke: Tafelspitz, Schnitzel, Schweinemedaillon. Aber Sie waren ja den ganzen Tag unterwegs und haben mächtig Hunger. Im Sommer sitzt es sich idyllisch auf der großen Terrasse mit Blick auf den Dorfanger.

➔ ALTER DORFKRUG LÜBARS

Reinickendorf | www.gasthof-alter-dorfkrug.de | Do–So 12–21 Uhr | Alt-Lübars 8 | Tel. 030 92 21 02 30

ISS DICH SCHÖN

Eine Runde Clean Eating nach einem durchfeierten Wochenende genehm? Hier ist alles bio, vegan und völlig naturbelassen. Statt Industriezucker und E12 gibt es Schüsseln voller Gemüse, Reis und Superfood. Das Motto: »Die Natur ist unser Guru«. Im Friedrichshain zieht so etwas natürlich viele Leute an. Reservieren lässt sich im Laden über dem veganen Supermarkt Veganz jedoch nicht.

➔ THE BOWL

Friedrichshain | www.facebook.com/thebowlberlin | Mo–Fr 11.30–23, Sa, So 10–23 Uhr | Warschauer Str. 33

Verdächtig gut
Sauberes Essen im The Bowl

SARDISCHER ABEND

Pizza, ein Glas Rotwein und dann ab ins Bett. Dafür lohnt der Weg in die kulinarische Diaspora der Stahlheimer Straße. Zwischen Späti und Supermarkt versteckt sich beste italienische Küche samt karierter Tischdecken. Da die Besitzer von der Insel Sardinien kommen, gibt es auch eine größere Auswahl an Fischgerichten.

➔ TRATTORIA TERRA SARDA

Prenzlauer Berg | **www.facebook.com/TrattoriaTerraSarda | Mo, M–Fr 18–24, Sa, So 16–24 Uhr | Stahlheimer Str. 30 | Tel. 030 54 48 83 64**

SCHÖN SCHARF

Die chinesische Nudelsuppe wird in einer Traumkulisse eines jeden Instagram-Fans serviert: selbst gezimmerte Holztische, Edison-Bulbs und Backsteinwand. Kein Wunder, ist Mitgründerin Ling Ma doch studierte Designerin und Architektin. Doch auch die Suppen haben es in sich. Besonders empfiehlt sich die Dan Dan Mien, die hier unter dem Namen »Ahorn« firmiert und wunderbar scharf ist.

➔ THE TREE

Mitte | **www.facebook.com/thetree.berlin | Mo–Fr 12–15 u. 17.30–22, So 13–22 Uhr | Brunnenstr. 167 | Tel. 030 67 96 18 48**

IM SCHATTEN DES DALAI LAMA

Für den Start in die dräuende neue Woche tankt man am besten am Sonntagabend schon etwas tibetische Gelassenheit. Neben Currys gibt es vor allem eine große Auswahl an *momos* – typisch tibetische Teigtaschen, die mit verschiedenen Fleisch-Gemüse-Mixen gefüllt werden. Sehr freundliche Bedienung, und von der Wand lacht selbstredend der Dalai Lama.

➔ LITTLE TIBET

Kreuzberg | **www.little-tibet.de | Di–Fr 17–23.30, Sa 14–23.30, So 14–22 Uhr | Gneisenaustr. 6a | Tel. 030 69 00 47 47**

ZUM RUNTERKOMMEN

In dem modernen, aber gemütlichen Restaurant, das 2016 aus dem Wedding hergezogen ist, kann das Wochenende entspannt ausklingen. Es gibt Pasta, Burger und eine wechselnde Wochenkarte. Wem noch nach ein bisschen mehr Action ist, geht direkt nebenan ins Kino Blauer Stern. In dem Jugendstilgebäude werden schon seit 100 Jahren Filme gezeigt.

➔ AUSZEIT

Niederschönhausen | **www.auszeitberlin.de | tgl. 9–24, Küche bis 23 Uhr | Hermann-Hesse-Str. 15 | Tel. 030 70 71 10 00**

Asian Style

Das Auge isst mit: The Tree

Raus aufs Land!

Tschüss, Beton, hallo, Frisch-luftkur!

FLAEMING EXPRESS

Inline-Skating ist zwar ein bisschen 90er, aber es macht halt trotzdem Spaß. Um Jüterbog im Süden Berlins wurden insgesamt 230 Kilometer Strecke geteert, die Sie auf verschiedenen Rund- oder Nichtrundkursen berollen können. Die Nutzung ist kostenlos. Für Einsteiger gibt es Kurse; Profis messen sich in der Skate-Arena.

➔ **FLAEMING SKATE**

Jüterbog/Baruth/Luckenwalde | www.flaeming-skate.de | Tel. 033204 6 28 70

ALTE BAUMEISTER

Wo im 19. Jahrhundert die Ziegel für die wachsende Stadt Berlin gefertigt wurden, können Sie heute selbst aus Lehm Baumaterial matschen, sich mit einer lustigen, kleinen Eisenbahn über das ehemalige Industriegelände tuckern lassen und nebenbei lernen, warum der Ziegel kein Stein ist. Zudem warten Badestelle und Abenteuerspielplatz auf ihren Einsatz.

➔ ZIEGELEIPARK MILDENBERG

Zehdenick (Ortsteil Mildenberg) | **www.ziegeleipark.de | April–Nov. 10–18 Uhr | Eintritt 8 Euro | Ziegelei 10 | Tel. 03307 31 04 10**

REISEN AUF GLEISEN

Durch Brandenburg strampeln ohne Gefahr, sich zu verfahren? Die Draisine macht's möglich. Vier Personen haben darauf Platz, wobei nur zwei trampeln und die anderen die schöne Aussicht genießen können. Fünf Strecken stehen in Brandenburg zur Auswahl. Die einfache Tour dauert drei Stunden. Wer zudem Prosecco-Empfang und Grillgut braucht, zahlt mehr.

➔ DRAISINENBAHN

Mittenwalde/Tiefensee/Kremmen (u. a.) | **www.draisinenbahn.de | Termine s. Website (Voranmeldung nötig) | Mo–Fr 12,80 Euro, am Wochenende 15,40 Euro | Am Ostbahnhof 1, Mittenwalde | Tel. 033633 6 90 80**

DURCH BAUM UND ZEIT

Die ehemalige Lungenheilanstalt in Beelitz umgibt ein Hauch des Morbiden, der sowohl Filmteams (»Der Pianist« und »Operation Walküre« wurden hier gedreht) als auch Abenteurer anlockt, die durch die halb verfallenen Gebäude ziehen. Bequemer ist der Zugang per Baumkronenpfad (kein Kletterpfad!), der in 20 Metern Höhe über das Gelände und durch den Mischwald führt. Schön spannend.

➔ BAUMKRONENPFAD

Beelitz-Heilstätten | **www.baumundzeit.de | April–Okt. 10–19, Nov./Dez. Sa, So 10–16 Uhr | Eintritt 9,50 Euro | Straße nach Fichtenwalde 13 | Tel. 033204 63 47 23**

PLANSCHEN MIT PINGUINEN

Kann sich kurz darauf geeinigt werden, dass Pinguine die lustigsten Tiere aller Zeiten sind? Dann zur guten Nachricht: Man kann mit ihnen schwimmen! Aus Gründen des Tierschutzes sind Pingus und Menschen durch eine Scheibe getrennt, aber der Gedanke zählt. Darüber hinaus machen Spaßbad, Saunen und Anwendungen die einstündige Bahnfahrt ab Berlin lohnenswert.

➔ SPREEWELTEN BAD

Lübbenau/Spreewald | **www.spreeweltenbad.de | So–Do 9–22, Fr, Sa bis 23 Uhr | ab 12 Euro | Alte Huttung 13 | Tel. 03542 89 41 60**

Anzeige

THE BIG DOG
BERLIN
HOT DOGS
FANCY FRIES
CRAFT BEER
www.thebigdog.de
Ebertstrasse 3
10117 D-Berlin
+49 (0) 30 220 00 54 40

UNTERWEGS MIT …

... DEM SCHATZ

BURGER-LIGHT-DINNER

Kerzenschein, Streichquartett, mikroskopisch kleine Portionen in 18-Gänge-Menüs: Wenn das vielleicht Janes Austens, aber nicht Ihrer Vorstellung von einem perfekten Abend zu zweit entspricht, dann gehen Sie ins Grindhouse. Hier mogeln sich Trüffel, Shrimps und Wasabi-Mayo auf die Burger, und zudem – Kollwitzkiez halt – sitzt es sich sehr nett.

➔ GRINDHOUSE

Prenzlauer Berg | **www.grindhouseburgers.de | Di–Do 12–15 u. 17.30–22, Fr 12–23, Sa 13–23, So 13–22 Uhr | Kollwitzstr. 50 | Tel. 030 44308353**

BRUTAL REGIONAL

Gemütlich und stilvoll sind zwei Adjektive, die man für einen Abend zu zweit immer gut gebrauchen kann. Im Nobelhart und Schmutzig kommt noch die Kombi ›brutal regional‹ dazu, schließlich stammen hier die Flugente aus der Prignitz und der Fisch aus der Müritz oder Ostsee. Auf Zimt, Zitrone oder Pfeffer muss hingegen verzichtet werden, weil: halt nicht lokal. Zum Essen sitzen Sie um die offene Küche, serviert wird jeden Abend ein 10-Gänge-Menü für 120 Euro in dem das gefilterte Leitungswasser (aus Berlin!) schon inklusive ist. **INSIDER TIPP** Sparfüchse daten dienstags und mittwochs für 95 Euro.

➔ NOBELHART UND SCHMUTZIG

€€€ | Mitte | **www.nobelhartundschmutzig.com | Di–Sa ab 18.30 Uhr | Friedrichstr. 218 | Tel. 030 25940610**

EIN WEITES FELD

Die größte Picknickwiese der Stadt ist definitiv das Tempelhofer Feld. Alles, was Sie für ein romantisches Picknick dort brauchen, aber nicht selbst besorgen wollen, können Sie sich in dem rot-weiß gestreiften Häuschen am Parkeingang Oderstraße abholen. Für zwei Personen gibt es für zehn Euro einen Korb mit Porzellangeschirr, den Sie sich nach Wunsch mit Essen befüllen. Zeitung sowie Federball-Set oder Brettspiel gibt's dazu. Den Korb bestellen Sie im Vorfeld online. Im Winter macht der Verleih Pause.

➔ PICNIC BERLIN

Tempelhof | **www.picnic-berlin.com | An Sonnentagen tgl. 12–21 Uhr | Eingang Oderstraße (Höhe Hausnummer 22) | Tel. 0177 8973522**

EINSTERNSTUNDEN

Sind Sie und Ihr Hasi zwei Menschen, die sich nicht nur mögen, sondern auch beide auf Geschmackstieftauchen und Intensitätsgipfel-Erklimmen stehen? Dann auf zu einem der neuesten, aber auch bezahlbarsten Michelin-Stern-Schuppen der Stadt (Hauptgang um 25 Euro). Essen geht das Tulus Lotrek so kreativ an wie Rechtschreibung (nach dem französischen Maler und Gerne-Esser Henri de Toulouse-Lautrec). Auf den rustikalen Holztischen trifft Kimchi auf Hirschrücken, beispielsweise.

➔ TULUS LOTREK

Kreuzberg | **tuluslotrek.de | Fr–Di 19–24 Uhr | Fichtestr. 24 | Tel. 030 41956687**

Dinner im Freien

Picnic Berlin liefert das Equipment

ICH KOCHE (MIT STÜTZRÄDERN)

Sie möchten Ihren Schwarm mit einem erstklassigen selbstgekochten Dinner beeindrucken, nur Ihre Kochkünste wollen nicht so wie Sie? Kein Ding, das Kochhaus greift Ihnen gerne unter die Arme. Sie müssen nur aus einem der abgestimmten Menüs eins aussuchen, alle bereits in richtiger Menge abgepackten Zutaten mitnehmen und zu Hause genau die detaillierte Anleitung befolgen: Fertig. Falls die Maispoulardenbrust nicht auf Ikea gebettet werden soll, bekommen Sie in den Läden auch noch stilvolles Geschirr dazu.

➔ KOCHHAUS

Prenzlauer Berg | www.kochhaus.de | Mo–Sa 10–21 Uhr | Schönhauser Allee 46 | Tel. 030 577 08 91 00
Kreuzberg | Mo–Sa 10–21 Uhr | Bergmannstr. 94
Schöneberg | Mo–Fr 10–21, Sa 9–21 Uhr | Akazienstr. 1

UNTER HAIEN

Falls Sie beim Essen nicht nur dem Liebsten, sondern gerne auch Haien, Rochen oder Anemonenfischen ins Auge blicken möchten, ist das Aquarium Ihre Adresse. Mehrmals im Monat richtet das Steigenberger Hotel dort Candle-Light-Dinners aus. Vier Gänge (hoffentlich kein Fisch) inklusive Begrüßungssekt kosten 87 Euro. Termine auf der Website.

➔ CANDLE-LIGHT-DINNER AQUARIUM

€€€ | Tiergarten | www.aquarium-berlin.de | Beginn 20, Einlass 19.30 Uhr | Budapester Str. 32 | Tel. 030 212 77 08

Ganz. Schön. Hässlich.

ROSA BUNKER

»Stell dir vor, Adolf Hitlers ›Führerbunker‹ ist bei einer Bombenexplosion aus dem Untergrund nach oben gedrückt worden. Berlin hat den Bunker an den Travestieklub ›La vie en rose‹ verpachtet, die haben den Bunker schweinchenrosa angestrichen.« So beschrieb die Wochenzeitung Die Zeit einst das riesige Einkaufszentrum am Alex. Dem ist nichts hinzuzufügen – außer, dass man dort ganz schön gut shoppen kann.

ALEXA

Mitte | www.alexacentre.com | Mo–Sa 10–21 Uhr | Grunerstr. 20 | Tel. 030 2 69 34 00

… aber hat was!

SCHWARZ ZU BLAU ZU KOTTI

»Guten Morgen Berlin, du kannst so hässlich sein, so dreckig und grau« – Peter Fox wusste, wovon er sang, als er in »Schwarz zu Blau« erst das Kottbusser Tor erwähnte und dann zu diesem Schluss kam. Objektiv ist die Kombination aus Kreisverkehr, sozialem Wohnungsbau und Junkies kein schöner Anblick. Aber hier schlägt halt auch das Herz der Stadt. Das erkennt man spätestens Freitagabend bei einem Blick aus den Fenstern der Paloma Bar (Skalitzer Str. 135, Do–Sa ab 22 Uhr).

➔ **KOTTBUSSER TOR**

Kreuzberg | **Skalitzer/Ecke Kottbusser Str.**

IN DER PLATTE

Plattenbauten, Punkthochhäuser und ein kolossales Ernst-Thälmann-Denkmal mit erhobener Arbeiterfaust – so hatten Sie sich den Prenzlauer Berg nicht vorgestellt? Mag sein, aber die in den 80er-Jahren errichtete DDR-Vorzeigesiedlung gehört trotzdem zum Kiez. Der Charme der Marzahn-Gedächtnis-Architektur erschließt sich erst auf den 20. Blick. Das im Park hinter dem Denkmal versteckte Biotop mit See umgarnt Sie schon beim ersten.

➔ **ERNST-THÄLMANN-PARK**

Prenzlauer Berg | **Areal zwischen Danziger, Greifswalder Str. und S-Bahn-Ring**

DICKE MAUERN

Ein Bunker ist nie ein schöner Anblick. Erst recht nicht, wenn er im mitten in der Stadt zwischen historischen Gründerzeitbauten steht. Doch dem unsprengbaren Monstrum in der Reinhardtstraße hat der Wuppertaler Kunstsammler Christian Boros eine sinnvolle Bestimmung gegeben: Seit 2008 zeigt er dort seine Privatsammlung zeitgenössischer Kunst.

➔ **SAMMLUNG BOROS IM REICHSBAHNBUNKER FRIEDRICHSTRASSE**

Mitte | **www.sammlung-boros.de** | **12 Euro** | **Anmeldung online, Reinhardtstr. 20** | **Tel. 030 27594065**

STILLOSE SCHLAPPHÜTE

Nein. Nein. Nein. Das ist die einzig adäquate Reaktion auf das Scheusal, das sich der BND an der Chausseestraße geleistet hat. Und nein, die Metallpalmen vor dem Eingang machen das nicht besser. Wer sich allerdings den Metallzaun entlang traut, dann der am Hintereingang fließenden Südpanke folgt und an der Ida-von-Arnimstraße abbiegt, landet am Nordhafen mit seiner idyllischen Promenade und der wunderbaren Liegewiese mit Wasserblick. Das entschädigt.

➔ **BND-NEUBAU**

Mitte | **Chausseestr. 42 a**

... DER GANZEN CLIQUE

Hier gibt's genug für alle

Ansage

Wahrhaft Nahrhaft – und zwar für jeden

WIE HERR LEHMANN UND KARL

Das Restaurant in der Kreuzberger Markthalle ist Schauplatz einer mittlerweile legendären Berliner Freundschaftsgeschichte – der zwischen Karl und Herrn Lehmann im nach Letzterem benannten Roman von Sven Regener. Mit Ihren Freunden können Sie die Tradition bei Schnitzel Wiener Art, Schweinebraten oder Semmelknödeln fortsetzen. Ein bisschen Charme der 1980er-Jahre hat sich in dem rustikalen Laden trotz der Grundsanierung der Markthalle erhalten – zum Glück!

➔ WELTRESTAURANT

Kreuzberg | www.weltrestaurant-markthalle.de | tgl. ab 12 Uhr | Pücklerstr. 34 | Tel. 030 6 17 55 02

EIN TOPF

Auf dem Tisch brutzelt das Öl und blubbert der Käse, und Sie müssen sich jetzt nur noch entscheiden, ob Sie zuerst Hähnchenbrust, Black-Tiger-Gambas oder Brot darin versenken mögen. Wenn das Ihrer Idealvorstellung von einem Abend unter Freunden entspricht, sind Sie in Berlins erstem Fondue-Lokal genau richtig. Das bietet für 39,50 Euro pro Person ein Menü für Gruppen an, das ein Fleisch- und ein Käsefondue nach Wahl mit Antipasti, selbst gebackenem Brot und BBQ-Dip kombiniert.

➔ ARS VINI

Prenzlauer Berg | www.arsvini.de | Sept.–Feb. tgl., März–Aug. Do–So ab 17 Uhr sowie für Gruppen ab 8 Personen nach Absprache | Sredzkistr. 27 | Tel. 030 49 08 85 40

WAGENRADPIZZA

»In Rixdorf ist Musike ...«, so beginnt ein Gassenhauer. Bis heute verströmt der Neuköllner Kiez echtes Dorfflair und die Villa Rixdorf mit ihrem schönen Biergarten fügt sich da perfekt ein. Mit guten Freunden ordern Sie die legendäre Riesenpizza. Dank einem Meter Durchmesser und großer, individueller Belagauswahl wird jeder satt (ab acht Personen, nach vorheriger Reservierung).

➔ VILLA RIXDORF

Neukölln | www.villa-rixdorf.com | tgl. 11–1 Uhr | Richardplatz 6 | Tel. 030 68 08 60 00

VOM VEGANER BIS ZUM HUND

Caro isst vegan, Franzi hat Glutenunverträglichkeit und Matze geht nirgendwohin, wo nicht auch an seinen Dackel Mops gedacht wird? Zum Glück hat das Wahrhaft Nahrhaft für jeden Ihrer Freunde das richtige Angebot: veganen Cheesecake für Caro, Fenchelcremesuppe mit selbst gebackenem, glutenfreiem Brot für Franzi und INSIDER TIPP hausgemachte Hundeplätzchen für Mops. Bagel, Birchermüsli und bunte Salate gibt es außerdem.

➔ WAHRHAFT NAHRHAFT

Friedrichshain | www.wahrhaftnahrhaft.de | Mo–Fr 9–18, Sa, So 10–18 Uhr | Revaler Str. 16 | Tel. 0176 81 84 44 74

BFF

Auf den langen Bänken des Restaurants können Sie gut mit Ihren Freunden zusammenrücken und leckere Sushi-Platten teilen. Falls jemand an der asiatischen Küche eher Nudelsuppen oder Currys schätzt, wird er ebenso fündig. Vergessen Sie nicht, mit dem Hausgetränk »Best Friends Konichi wa« (Litschisaft, Erdbeeren, Mangosirup, frische Limetten – erfrischend und lecker) auf die Freundschaft anzustoßen.

➔ BEST FRIENDS

Prenzlauer Berg | www.best-friends-berlin.de | Mo–Fr 12–24, Sa, So ab 13 Uhr | Gleimstr. 10 | Tel. 030 43 73 57 61

ESSEN IN ÜBERGRÖSSE

Die Wahrheit ist: Das 1,5-Kilo-Jägerschnitzel, der 30 Zentimeter große Burger und der Eisbecher mit 30 Kugeln werden als einzelne Gerichte angepriesen. Aber diese nicht zu teilen, wäre Wahnsinn. Außerdem wirbt das Restaurant mit Erlebnisgastronomie, und gemeinsam das größte Fischstäbchen der Welt zu vertilgen, ist ja wohl ein Erlebnis. Das hat auch das Fernsehen erkannt, das regelmäßig vorbeischaut.

➔ REDO XXL

Tempelhof | www.redoxxl.de | So–Do 12–22, Fr, Sa 12–24 Uhr | Tempelhofer Damm 227 | Tel. 030 36 41 34 61

GETEILT DURCH

Was schreit mehr nach »Wir bestellen ganz viel und teilen dann!« als Tapas? Im Restaurant Berlin Tapas des Maritim-Pro-Arte-Hotels gibt es sie in der deutschen Variante: Kleine Berliner Buletten mit Schmorzwiebeln, Kartoffelpuffer mit Räucherlachs und Currywurst. Wenn Matze mit dem großen Hunger nicht teilen mag, kann er sich auch seinen eigenen Burger bestellen. Vegetarische Alternativen gibt es auch.

➔ BERLIN TAPAS

Mitte | www.maritim.de | Di–Sa 12–23, So, Mo bis 22 Uhr | Friedrichsstr. 151 | Tel. 030 20 33 45 30

FRÜH- BIS SPÄTSTÜCK

Eine ganze Frühstücksetagere mit Bresaola-Schinken, hausgebeiztem Lachs, Fetacreme und Obst alleine zu verspachteln, das macht nicht nur keinen Spaß, sondern auch Bauchschmerzen. Daher lohnt sich ein Ausflug unter Freunden in das Café im Kollwitzkiez. Die Etagere für drei bis vier Personen kostet 29,50 Euro und wird bei Bedarf INSIDER TIPP bis 20.30 Uhr serviert, also auch als Abendbrot. Ein-Personen-Frühstücke gibt es natürlich auch.

➔ ANNA BLUME

Prenzlauer Berg | www.cafe-anna-blume.de | tgl. 8–23 Uhr | Kollwitzstr. 83 | Tel. 030 44 04 87 49

GESCHMACKSKLASSENTREFFEN

Wofür hat man Freunde? Natürlich damit sie es einem ermöglichen, an einem Nachmittag Bienenstich, Crazy Breakfast, Bibi & Tina, Spargel Invasion, Ahle Wurscht und Curry-Süßkartoffel-Rübchen zu probieren. Und das ist nur eine Auswahl der Geschmacksrichtungen, in denen die Bäcker Johannes Hüsing und Michael Fritz ihre Spluffins anbieten. Bitte was? Richtig gehört: In diesem Backwerk trifft der Berliner Croissant-Verschnitt Splitterbrötchen auf Muffin. Eine Familienbox plus Messer zum Teilen, bitte!

➔ SPLUFFIN

Friedrichshain | www.spluffin.de | Mi–So 11–17 Uhr | Revaler Str. 12 | Tel. 0157 76 82 90 21

Durch die Blume

Nicht nötig: Das Frühstück bei Anna Blume ist ganz unverblümt dufte

... DEN SCHWIEGER-ELTERN

Maria, der Schwieger-mutter schmeckt's doch!

O'zapft is

Ein Pfefferbräu, bitte!

EINE GESCHICHTE AUS ZWEI STÄDTEN

Ein Klassiker, der allein aufgrund seiner Lage (im Regierungsviertel) und seiner Architektur (ein einst im Niemandsland der Mauer vergessenes Fachwerkhaus) besticht. Serviert wird Gourmetküche der bodenständigen Art, u. a. Havelzander auf »Himmel und Erde« mit gebratener Blutwurst. Ein Menü mit drei Gängen kostet ab 42 Euro.

➔ PARIS MOSKAU

€€€ | Tiergarten | www.paris-moskau.de | Mo–Sa ab 18, Mittagstisch Mo–Fr 12–15 Uhr | Alt-Moabit 141 | Tel. 030 3 94 20 81

GUT GEWÜRZT

Es darf auch etwas anderes als Schnitzel sein? Dann entführen Sie Ihre Schwiegereltern in die Gewürz- sowie Deko-Welt Indiens. Unter Aufsicht diverser, aber sehr charmanter Buddhas sorgen Mehr-Mann-Menüs wie die Maharadscha-Platte (Suppe, diverse Currys plus Nachspeise) für noch mehr familiären Zusammenhalt.

➔ MAHARADSCHA

Schöneberg | www.maharadscha2.de | Do–Di 17–23 Uhr | Fuggerstr. 21 | Tel. 030 2 13 88 26

BRECHTS ERBEN

Ja, hier darf man auch rein, wenn man weder Brecht noch Peymann heißt. Die Kantine des renommierten Theaters ist gepflastert mit Fotografien aus verschiedenen Epochen; zu essen gibt es solide Hausmannskost zu günstigen Preisen. Früher war hier Heiner Müller Stammgast, heute sitzen die aktuellen Stars des Berliner Ensembles – manchmal noch geschminkt und kostümiert – im bunt gemischten Publikum. Damit die Schwiegereltern die auch erkennen, vorher unbedingt ins Theater gehen!

➔ KANTINE BERLINER ENSEMBLE

Mitte | www.berliner-ensemble.de | Mo–Sa 9–24, So 16–24 Uhr | Bertolt-Brecht-Platz 1 | Tel. 030 28 40 80 (Zentrale)

PROMIS AN KARTOFFELPÜ

Was könnte besser Eindruck schinden als ein Laden, der für prominente Gäste wie z. B. Angela Merkel bekannt ist? Darüber hinaus besticht das Lokal mit authentischen, deftigen Gerichten wie etwa Blutwurst *(boudin noir)* mit Thymianäpfeln und Kartoffelpüree. Mittags ist man für drei Gänge mit 16 Euro dabei. Fürs 10-Gänge-Amuse-bouche-Menü berappt man 95 Euro (reservieren!)

➔ CHEZ MAURICE

Prenzlauer Berg | www.chez-maurice.com | tgl. ab 18, Mittagstisch Di–Sa 12–15.30 Uhr | Bötzowstr. 39 | Tel. 030 4 25 05 06

REGIONAL SELBST GEBRAUT

Tradition trifft Braukunst trifft einen Hauch Raffinesse – so bekommt man auch die skeptischsten Besucher herum. Auf dem Gelände der historischen Schultheiss-Brauerei wird seit einigen Jahren wieder selbst gebraut. Das Pfefferbräu ist ein kräftiges Pilsner mit markanter Hopfennote und leicht würzigem Aroma. Zu essen gibt es regionale Spezialitäten, für das selbst gebackene Treberbrot wird Biermaische aus der Brauerei genutzt.

➔ PFEFFERBRÄU

Prenzlauer Berg | www.pfefferbraeu.de | Di–Do 16–24, Fr, Sa 16–1, So 16–23 Uhr | Schönhauser Allee 176 | Tel. 030 47 37 73 62 40

NEW YORK IN BERLIN

Geben Sie es doch zu! Bei Familienbesuchen geht es auch darum, die eigene Großstädtigkeit unter Beweis zu stellen. Dafür eignet sich das Bagel-Café im Kollwitzkiez hervorragend, denn der Satz »Das ist echt so New York« passt selten so gut. Wie in Brooklyn gibt es die erst gekochten und dann gebackenen Ringe mit verschiedenen Pasten, aber auch vollgestapelt mit mariniertem Tofu, Zwiebelschmelz und Roter Bete.

➔ SHLOMOS BAGELS

Prenzlauer Berg | www.schlomos.com | Mo, Do–Sa 9–18, So 10–18 Uh | Kollwitzstr. 44 | Tel. 030 12 02 19 87

... DEN KLEINEN MONSTERN

Lara will nicht aus dem Pommes-Paradies abgeholt werden

BAYERISCH-SPANISCHE KLETTERPARTIE

Für die einen ist das Alois S. eine Tapas-Bar, deren Namen nach bayerischem Wirtshaus klingt (Namensgeber Alois Senefelder stammte allerdings aus Prag und erfand die Lithografie). Für die anderen ist es ihre Werder-Bremen-Fankneipe. Und für Sie ist es der Laden, dessen Biergarten einen Spielplatz mit Klettergerüsten und Tischtennisplatten beheimatet, was ihn zum perfekten Ausflugsziel mit Kindern macht.

➔ **ALOIS S.**

Prenzlauer Berg | www.aloiss.de | Mo–Fr 18–1, Sa 13–1 (im Winter ab 18), So 16–24 Uhr | Senefelderstr. 18 | Tel. 030 44719680

SPIELE-LABYRINTH

Das ist keine Spielecke mehr, das ist schon ein richtiger Indoor-Spielplatz, den das Familienlokal getrennt durch eine Glasscheibe vom Gastraum aufgebaut hat: Bällebad, Rutschen und zu durchkletternde Röhren bilden ein Labyrinth. Die erste Stunde kostet drei, jede weitere einen Euro. Eltern haben Pause: Zeit für Omelettes, Fajitas oder Hüftsteak.

➔ **KIIWII BERLIN**

Wilmersdorf | www.kiiwii-berlin.de | Mo–Fr 10–20, Sa, So 9.30–20 Uhr | Güntzelstr. 10 | Tel. 030 21996077

ICH KANN DAS ALLEINE!

Tüte aufreißen und rein in die Mikrowelle? Wessen Kinder etwas mehr über Essen und seine Zubereitung wissen dürfen, der sollte nach Lichterfelde reisen. Der freundliche Bio-Laden vor Ort bietet regelmäßig Kochkurse für Kinder, die wahlweise Menüs wie bei Harry Potter, den Wikinger oder den Kindern aus Bullerbü zuzubereiten lernen. Damit die Schulfreunde genauso schlau werden, kann man die Kurse auch gleich als INSIDER TIPP Kindergeburtstags-Spektakel buchen. Also ran an die Kochlöffel!

➔ **BIOLÜSKE KIDS-CLUB**

Lichterfelde | www.biolueske.de | Termine s. Website | Drakestraße 50 | Tel. 030 8020201 60

Finding Kiddo
Keine Smarties, trotzdem bunt im Spielzimmer

LANGER HALS UND GROSSE KARTE

Bevor die Kinder in der extra eingerichteten Spielecke verschwinden, können Sie sich durch ihre eigene Speisekarte schlemmen. Kinderfrühstück (Brötchen, Nutella, Obst, Überraschungsei)? Nudeln mit Tomatensauce? Oder doch lieber Eierkuchen mit Apfelmus? Das Angebot für die Großen ist ebenso reichhaltig und reicht von 15 Frühstücksvarianten über Nudelgerichte bis zu Currys. Aufgrund der Lage perfekt für den Stopp vor oder nach einem Zoobesuch.

➜ RESTAURANTKNEIPE GIRAFFE

Tiergarten | www.giraffe-berlin.de | tgl. ab 8 Uhr, Frühstück bis 14 Uhr | Klopstockstr. 2 | Tel. 030 34 35 16 90

EINS FÜR ALLE

Während die Kleinsten mit Holzspielzeug durch den Babybereich robben und die etwas Größeren im Spielzimmer Piratenschiff und Bauecke unsicher machen, warten auf die Größten im Gastraum Spätzle, lecker belegte Ciabattas und hausgemachter Kuchen. Das Familiencafé legt halt Wert darauf, dass sich alle wohlfühlen. Am Wochenende wird von 9.30 bis 14 Uhr gebruncht. Im Innenhof gibt es einen INSIDER TIPP abgetrennten Parkplatz für Kinderwagen, Lauf- und Fahrräder.

➜ EMMA & PAUL

Schöneberg | www.emma-paul.de | Mo–Fr 9.30–18.30, Sa, So bis 19 Uhr | Gleditschstr. 47 | Tel. 030 23 62 83 68

IN BÄLLEN BADEN

In Prenzlauer Berg weiß man einfach, wie man Familien glücklich macht: mit Bällebädern. Davon gibt es gleich zwei, damit die Kinder über drei die unter drei nicht zu sehr betoben. Außerdem warten Verkleidungskiste, Spielhaus, Federwippe und »Baby Latte« auf die kleinen Gäste. Für Eltern gibt es Milch in Kombination mit Koffein sowie Kuchen und eine Auswahl herzhafter Speisen. Kinder ab zwei Jahren zahlen für das Spielvergnügen einen Euro Eintritt.

➜ SPIELZIMMER

Prenzlauer Berg | www.facebook.com/DasSpielzimmer | tgl. 10–18 Uhr | Schliemannstr. 37 | Tel. 030 44 03 76 35

Zu alt dafür? Von wegen!

Wieder Kind sein

MITTELALTER, GUT GEPOLSTERT

Sie wollten schon immer mal mit Schwert und Kettenkeule bewaffnet im Team einen Hundeschädel in ein gegnerisches Tor bugsieren? Herzlichen Glückwunsch, Ihr Traum geht in Erfüllung! Beim Jugger. Alles Angesprochene ist natürlich künstlich, gepolstert und im Schnitt nicht gefährlicher als Fußball. Fürs dauerhafte Juggern müssen Sie Vereinsmitglied werden (keine Sorge: alles entspannt organisiert).

JUGGER E.V.

Verschiedene Stadtteile | **www.jugger-berlin.de | Training in verschiedenen Hallen im Stadtgebiet (s. Website)**

AUF TARZANS SPUREN

Im Kletternetz wird geturnt, das Hängeseil schwingt und auf der Strickleiter herrscht Gedränge: Der Volkspark Jungfernheide ist ein Tummelplatz der Luftakrobaten. Der Kletterdschungel bietet verschiedene Routen für Erwachsene. Kinder, die 1,45 Meter hoch greifen können, sind aber auch zugelassen.

➔ **WALDHOCHSEILGARTEN JUNGFERNHEIDE**

Charlottenburg | www.waldhochseilgarten-jungfernheide.de | wechselnde Öffnungszeiten und Preise s. Website | Heckerdamm 260 | Tel. 030 34 09 48 18

GIB MIR DIE KUGEL

Warum am Ball sein, wenn man auch im Ball sein kann? Wenn Sie sich das auch schon immer gefragt haben, sollten Sie sich dringend einen riesigen Plastikball über den Körper stülpen, sodass nur noch die Füßen rausschauen, und sich in der Kicker World Berlin zum Bubble Ball anmelden (24 Euro/Spieler). Nicht ganz im Sinne des Fair Play ist allerdings, dass Foulen mit diesem Ganzkörper-Airbag so viel Spaß macht.

➔ **BUBBLE BALL**

Haselhorst | www.kickerworld-berlin.de | Mo–Fr 16.30–24, Sa, So 10–24 Uhr | Kleine Eiswerderstr. 1 | Tel. 030 74 74 42 24

SPRING DICH FREI

Sie sind es leid, wie in Ihrem Erwachsenenalltag immer mit Ihnen umgesprungen wird? Dann springen Sie doch selbst! In der großen Halle werden Sie dabei von Trampolinen unterstützt, und ja, natürlich ist das ein Trendsport, der aus den USA zu uns geschwappt ist (1 Std./13 Euro). Nebenbei macht es wahnsinnig Spaß und pulverisiert jeden Stress. Für Einsteiger gibt es auch Workshops.

INSIDER TIPP Jeden Samstag von 21 bis 23 Uhr wird zu Diskomusik gehopst (19 Euro).

➔ **JUMP BERLIN**

Reinickendorf | www.myjump.de | Mo, Di, Fr 10–22, Mi, Do 10–19, Sa 10–23, So 10–22 Uhr | Königshorster Str. 11–13 | Tel. 0179 2 77 41 48

JAGT DAS SCHNITZEL

Nur weil Sie schon lange nicht mehr auf einen Kindergeburtstag eingeladen waren, heißt das nicht, dass Sie auf Schnitzeljagden verzichten müssen. Mit den selbst gebastelten Boxen rätseln Sie und Ihre Freunde sich quer durch einen Kiez Ihrer Wahl. Kaufen können Sie diese im Netz oder auch in einem der Läden an der Strecke (u. a. bei Vielfach Berlin, Zimmerstr. 11, oder RegalRocker, Stargarder Str. 17, ab 29 Euro).

➔ **STADTSPIEL BERLIN**

Verschiedene Stadtteile | www.stadtspiel-schnitzeljagd.de | Tel. 0351 2 13 68 00

... DER LIEBEN FAMILIE

Essen gehen mit Kind und Kegel

BRÜHLSCHE TAPAPS

Die Jahre am gemeinsamen Esstisch haben bewiesen: Am besten schmeckt der Schwester, was sie direkt von Ihrem Teller stibitzen kann. In der gemütlichen Tapaps-Bar am Görlitzer Park können Sie ihr als Versöhungsangebot geteiltes Essen für alle anbieten. Weiterer Anreiz für einen Besuch ist der Mitinhaber, Halbspanier und einziger Besitzer eines bärtigen Babyfaces, Daniel Brühl.

➔ **BAR RAVAL**

Kreuzberg | www.barraval.de | So–Do 18–23, Fr, Sa 18–24 Uhr | Lübbener Str. 1 | Tel. 030 53 16 79 54

PIZZA IN WEISS

Wenn am Nebentisch die italienische Großfamilie tafelt, weiß man, dass man bei der Wahl der Pizzeria alles richtig gemacht hat. Der Laden am Arnimplatz mit seinen Holztischen ist gemütlich-unprätentiös. Für Kinder gibt es extra kleinere Portionen. Besonders empfohlen sind die *pizze bianche,* die auf Tomatensauce verzichten, sodass der Belag (etwa Mozzarella, Kartoffeln, Rosmarin und Parmesan) besser zur Geltung kommt.

➔ **LA LUPA E L'ORSO**

Prenzlauer Berg | www.lalupaelorso.de | tgl. 16–24 Uhr | Schönfließer Str. 14 | Tel. 030 96 60 18 24

RUSSISCHE KLASSIKER

»Alle glücklichen Familien gleichen einander«, so schrieb es schon Leo Tolstoi zu Beginn seiner »Anna Karenina«. Was er nicht erwähnt: Russische Speisen wie *blini* (russische Pfannkuchen), *wareniki* (Teigtaschen) oder Bœuf Stroganoff (Rindfleisch mit Zwiebeln, saurer Sahne und Kartoffelrösti) können dieses Glücksgefühl beflügeln. Im nach einem anderen russischen Klassiker, dem Autor von »Doktor Schiwago«, benannten Pasternak können Sie das selbst erproben.

➔ **PASTERNAK**

Prenzlauer Berg | www.restaurant-pasternak.de | tgl. 9–1 Uhr | Knaackstr. 22–24 | Tel. 030 4 41 33 99

TRADITIONELL SATT

Die Familie schiebt richtig Kohldampf? Hier bekommen Sie sie garantiert satt. Die Tiergartenquelle ist für große Portionen und kleine Preise bekannt. Der Gastraum ist so bodenständig wie die servierte Hausmannskost. Vom Kaiserschmarrn wird allerdings gemunkelt, dass er sich während des Verzehrs auf dem Teller vermehrt. So köstlich er ist – lieber erst mal nur eine Portion für alle ordern.

➔ TIERGARTENQUELLE

Tiergarten | www.tiergartenquelle.de | Mo–Fr ab 16, Sa, So ab 12 Uhr | Bachstr./S-Bahnbogen 482 | Tel. 030 3 92 76 15

FRISCHES VIETNAM

Auf den langen Bänken des vietnamesischen Restaurants kann die Familie gut zusammenrücken. Die Gerichte ohne Glutamat, dafür mit viel frischem Gemüse, sind günstig und liebevoll angerichtet; der Service ist für Berlin fast zu nett. Im Sommer können Sie auf der kleinen Terrasse an der Straße draußen sitzen. Zum Nachtisch unbedingt den schwarzen Klebereis mit Mango und Kokosmilch probieren!

➔ CO CHU

Mitte | www.co-chu.de | Mo–Sa 11.30–23, So 12–23 Uhr | Invalidenstr. 29 | Tel. 030 30 88 15 87

DAS HAUS AM SEE

Das Gasthaus, das im 18. Jahrhundert aus einer alten Fischerhütte hervorging, bietet den perfekten Abschluss für einen Familienspazierung am Schlachtensee. Im Sommer sitzen Sie auf der Terrasse mit Seeblick; im Winter knistert im historischen Gastraum der Kamin. Im Restaurant werden Klassiker wie Himmel und Erde, Rindergulasch oder Zander serviert; im rustikalen Biergarten schmeckt der Flammkuchen.

➔ FISCHERHÜTTE AM SCHLACHTENSEE

Zehlendorf | www.fischerhuette-berlin.de | tgl. ab 10, Biergarten ab 9 Uhr | Fischerhüttenstr. 136 | Tel. 030 80 49 83 10

... DER GANZEN VERWANDTSCHAFT

Feste feiern, wo Platz für alle ist

GROSSER BAHNHOF

Holzfußboden, weiß getünchte Backsteinwände und eine rustikale Holzdecke samt Verstrebungen: In den Hallen des ehemaligen Güterbahnhofs an der Greifswalder Straße lebt die Industriekultur fort und bietet genau das Umfeld, in dem hippe Berliner von heute heiraten wollen. Bis zu 600 Leute finden hier sowie auf dem großzügigen Außengelände Platz.

➔ VON GREIFSWALD

Prenzlauer Berg | www.von-greifswald.de | auf mehreren Plattformen buchbar, z. B. www.eventsofa.de/e/von-greifswald-berlin | Greifswalder Str. 80

DER GRILL IST DER GRÖSSTE

Sie und Ihre Großfamilie wollen gemeinsam essen, und zwar jetzt, sofort? Dann können Sie davon profitieren, dass das Kreuzberger Restaurant mit der türkisch-griechischen Küche nicht nur den größten Holzkohlegrill der Stadt sein Eigen nennt, sondern auch sonst sehr geräumig daherkommt. Gemütlich ist das charmante Lokal mit den unverputzten Backsteinwänden dennoch. Für kleinere Feste ab zehn Personen gibt es INSIDER TIPP ein einfaches 2-Gänge-Menü inklusive alkoholfreier Getränke für 15 Euro.

➔ HADIGARI

Kreuzberg | www.facebook.com/hadigari.berlin | tgl. 14–24 Uhr | Schönleinstr. 2 | Tel. 0177 3110055

BESTE SICHT

Imposant thronen die beiden Türme am Frankfurter Tor über den Zuckerbäckerbauten der Karl-Marx-Allee. Von dort oben muss die Aussicht fantastisch sein? Überprüfen Sie es selbst! Denn den südlichen der Türme können Sie für Feiern mieten. Vier Ebenen stehen dabei zur Verfügung. Das größte Highlight ist natürlich der Kuppelraum mit den hohen Fenstern ganz oben. Der Platz reicht für ein festliches Essen mit bis zu 40 Personen. Falls Sie einen Stehempfang planen, bekommen Sie doppelt so viele Leute unter.

➔ KUPPELRAUM FRANKFURTER TOR

Friedrichshain | www.lounge-im-turm.de | Frankfurter Tor 9 | Tel. 030 8600900

Platz da!

Aber klar doch: im Pavillon im Volkspark Friedrichshain

ALLE MANN AN BORD

Floß? Das klingt nach Abenteuer, Huckleberry Finn und Mississippi, aber nicht unbedingt nach einer entspannten Party-Location. In diesem Fall ist es das aber, denn was »Hauptstadtfloß« heißt, meint eigentlich schmucke Holzboote mit Platz an und unter Deck, die Sie für Feste mieten können. Bis zu 55 Personen können mitreisen und sich zu leckerem Essen und kühlen Getränken über die Berliner Wasserstraßen schippern lassen.

HAUPTSTADTFLOSS

Verschiedene Stadtteile | www.hauptstadtfloss.de | Tel. 030 55 49 41 20

ES GEHT EIN LICHT AUF

Vor bald 120 Jahren wurden in den Osram-Höfen die ersten Glühbirnen des Landes hergestellt. Heute erinnert an diese lichte Vergangenheit nicht nur der Name des dort residierenden Restaurants, sondern auch dessen Industriecharme. Die helle, große Location mit den Backsteinwänden und den Sprossenfenstern eignet sich für Privatpartys, aber auch für Hochzeiten und andere Familienfeiern.

LA LUZ

Wedding | www.laluz.de | Oudenarder Str. 16–20 | Tel. 030 45 08 92 30

FEIERN IM PARK

Der Pavillon am südlichen Ende des Volksparks wurde 1973 unter dem Namen »Spreewalddorf« für die X. Weltfestspiele eröffnet. Das Reetdach gilt als das größte Berlins. Heute können Sie die renovierten und ausgebauten Gasträume für Feste mieten. Maximal 400 Leute finden hier Platz – es dürfen aber auch weniger sein. Frischluftfanatiker können ihre Party auch unter die alten Bäume in den Biergarten verlegen.

PAVILLON IM VOLKSPARK FRIEDRICHSHAIN

Friedrichshain | www.pavillon-berlin.de | Friedenstr. 101 | Tel. 030 42 08 09 90

Coca-Cola

FÜR WELCHEN HUNGER DARF'S WAS SEIN?

RIESEN-KOHLDAMPF

Hier wird garantiert jeder pappsatt

Zünftig
Tbilisi

DEFTIG HAT TRADITION

Krustenbraten, Kalbsschnitzel oder Eisbein: Wenn Sie nicht ausgerechnet Vegetarier sind, sollten diese Klassiker der Berliner Küche Ihnen das sichere Gefühl geben, dass Sie heute nicht hungrig vom Tisch aufstehen. Der ist übrigens rustikal, so wie das ganze Lokal. Fast 120 Jahre Tradition verpflichten.

➔ RESTAURANT MITTMANNS

Mitte | **www.mittmanns-restaurant.de** | **Mo–Fr ab 11.30, Sa ab 17 Uhr** | **Rungestraße 11** | **Tel. 030 2 79 35 02**

TASCHEN AUS TEIG

Die polnische Küche ist deftig – und unsagbar lecker. Den Beweis dafür tritt Lidia Kozlowska in ihrem auf Piroggen spezialisierten Restaurant an. Gefüllt werden die traditionellen Teigtaschen mit Sauerkraut, Pilzen oder Schweinefleisch, garniert mit einem Löffel saurer Sahne und Röstzwiebeln. Auch andere polnische Spezialitäten wie der Kraut-Eintopf *bigos* oder die Rote-Beete-Suppe *barszcz* stillen selbst den größten Hunger. Gelegentlich finden im Restaurant auch INSIDER TIPP Konzerte statt.

➔ PIEROGARNIA

Wedding | **www.pierogarnia.de** | **Di–Sa 16–22 Uhr** | **Turiner Str. 21** | **Tel. 030 89 62 69 27**

EHRLICHE BURGER

Anfang der 1980er-Jahre brachte Gründer Tómas Andrés Tómasson den Burger erst nach Island und dann in die Welt. 2014 eröffnete die erste Berliner Filiale in Mitte; die zweite folgte 2016 am Kudamm. Zur Auswahl stehen ehrlich-übersichtliche fünf Burger-Varianten (u. a. Chicken-/Veggi-/Double-Burger), die Sie sich nach Lust und Hungergrat um Bacon oder Käse bereichern lassen können. Gurken, Jalapeños und Dips legt man in Selbstbedienung nach. Den letzten Resthunger tilgt einer der cremigen Milchshakes.

➔ TOMMI'S BURGER JOINT

Mitte | **www.burgerjoint.de** | **tgl. 12–22 Uhr** | **Invalidenstr. 160** | **Tel. 030 52 13 21 90**
Charlottenburg | **Kurfürstendamm 212** | **Tel. 030 37 43 29 27**

GEORGISCHE PIZZA

Holztische, Kachelofen, Blick über den Arnimplatz: Hier können Sie es sich gemütlich machen und bei georgischer Küche lukullisch gut gehen lassen. Als Antwort des Landes auf die Pizza gelten die mit Frischkäse gefüllten Teigtaschen, die im Steinofen gebacken werden. Die georgische Variante des Schaschliks – *mzwadi* – wird mit einer Marinade nach Familienrezept zubereitet.

➔ RESTORANI TBILISI

Prenzlauer Berg | **www.restorani-tbilisi.de** | **Di–Sa 17–24, So 14–24 Uhr** | **Schönfließer Str. 15** | **Tel. 030 23 92 70 15**

BRASILIANISCHE SPIESSER

Zehn Fleischgänge, gegart am Spieß über offenem Feuer, zwei Dessertgänge und ein Buffet mit kalten und warmen Beilagen – für 27 Euro: Wenn Sie so ›satt‹ buchstabieren, sind Sie in diesem brasilianischen Restaurant richtig. Die Räume in der Jugendstilvilla der alten Groterjan-Brauerei sind heimelig genug, dass Sie hier auch die vielen Stunden genießen können, die die diversen Gänge erfordern.

➔ VILLA RODIZIO

Prenzlauer Berg | **www.villa-rodizio.de** | **Di–Do ab 18, Fr, Sa ab 17, So ab 16 Uhr** | **Milastr. 2** | **Tel. 030 44 04 69 00**

DEUTSCH-AMERIKANISCH-RUSSISCHE FREUNDSCHAFT

Traditionelle deutsche Küche macht garantiert satt, verspricht aber nicht zwangsläufig das raffinierteste kulinarische Erlebnis aller Zeiten. Außer, man mischt etwas russische und US-amerikanische Esskultur unter. Im Sauerkraut trifft Kalbsroulade auf Cranberrys und Steak auf Schnapsmarinade und Granatapfelcreme. Wenn Sie nur großen Hunger, aber keine Lust auf Experimente haben, erledigt einer der Burger den Job.

➔ SAUERKRAUT

Mitte | www.restaurant-sauerkraut.de | tgl. ab 12 Uhr | Weinbergsweg 25 | Tel. 030 66 40 83 55

EISBEIN-PREMIERE

In Berlins ältestem Restaurant – seit 1621! – speisten schon Berühmtheiten wie Charlie Chaplin, Heinrich Zille oder Clara Zetkin. Heute treffen asiatische Touristen auf das erste Eisbein ihres Lebens, das als »Zeugenaussage« auf der Karte steht. Auch andere Gerichte spielen, wie der Name des Restaurants, auf die Nähe zum Gericht an: »Kreuzverhör« (Kalbsleber, süßer Apfel, Kartoffelstampf) oder »Einstweilige Verfügung« (Grillhaxe, Gewürzrotkohl, Kartoffelkloß). Koch und Inhabersohn André Sperling lässt niemanden hungrig nach Hause gehen.

➔ ZUR LETZTEN INSTANZ

Mitte | www.zurletzteninstanz.com | Di–Sa 12–1, So 12– 22 Uhr, warme Küche 12–15 u. 18–23 Uhr | Waisenstr. 14–16 | Tel. 030 2 42 55 28

TAPAS-BUFFET

Garnelen in Knoblauch, frittierte Paprika oder doch iberische Schinkenkroketten? Da Sie sich eh nicht entscheiden können, und zudem bei Tapas immer die Sorge mitschwingt, ob die bestellte Menge der kleinen Portionen wirklich reicht, gehen Sie einfach wochentags von 11 bis 16 Uhr ins Yosoy. Da gibt es für 8,90 Euro so viele Tapas, wie Sie essen können. Magen voll, Problem gelöst.

➔ YOSOY

Mitte | www.yosoy.de | tgl. 11–3 Uhr | Rosenthaler Str. 37 | Tel. 030 28 39 12 13

SATT DURCH SUPPE

Sind Sie schon einmal nach einer Schüssel *pho* hungrig vom Tisch aufgestanden? Eben. Lecker wie günstig ist der vietnamesische Suppenklassiker in dem sympathischen, aufgeräumten Laden mit seinen Filialen in Friedrichshain und Mitte. Klassische Reis- und Nudelgerichte gibt es natürlich auch.

➔ VIET BOWL

Friedrichshain | www.vietbowl.de | tgl. 11.30–23 Uhr | Straßmannstr. 41 | Tel. 030 42 01 49 42
Mitte | tgl. 11.30–23 Uhr | Zimmerstr. 69 | Tel. 030 20 45 37 12

Trau dich!

Im Sauerkraut gibt's – außer Sauerkraut – den kulinarischen Culture Clash

GUT FÜR DIE FIGUR

Bikini sitzt und trotzdem satt

ISS DICH SCHÖN

»Vorher hässlich, nachher nicht mehr.« So formulierte einst ein Zeit-Online-Autor seine Erwartung an einen Besuch im Daluma, das seinen Namen seinen drei Gründern David, Lukas und Marian verdankt und Detox-Kost serviert. Die soll entgiften, was ein wissenschaftlich umstrittener Prozess ist, aber lecker-leicht schmecken die Bowls mit Zucchini, Rucola und Quinoa oder Kurkuma-Blumenkohl mit Tabouleh trotzdem.

➔ DALUMA

Mitte | **www.daluma.de** | **Mo–Fr 8–20, Sa 10–19, So 10–18 Uhr** | **Weinbergsweg 3** | **Tel. 030 20 95 02 55**

FATBURNER, DAS GETRÄNK

Hier reicht es schon, den Namen des Ladens auszusprechen, damit Sie sich gleich fünf Kilo leichter und kerngesund fühlen: Superfoods & Organic Liquids. Und noch mal: Superfoods & Organic Liquids. Hmmm. Zu essen gibt es Salat mit Superfoods, Joghurt-Bowls und zuckerfreies Frühstück. Ihr Getränk der Wahl ist natürlich der »Fatburner« (Zitronensaft, Cayennepfeffer, Ahornsirup).

➔ SUPERFOODS & ORGANIC LIQUIDS

Mitte | **www.superfoodsberlin.com** | **Mo–Fr 8–19, Sa 9–19, So 10–18 Uhr** | **Weinbergsweg 23** | **Tel. 030 64 95 87 40**

EINE SCHÜSSEL BUNTES

Nicht nur farbenfroh, sondern auch prima für die Linie sind die vegetarischen und veganen Bowls, die die Brüder Mathias und Benedikt Dienst füllen – etwa die »Red Bowl« mit roter Beete, Tomaten und Quinoa. Auch das gefüllte Fladenbrot »Run Veggie Run« schont dank Biodinkel und Gemüsefüllung die Waage.

➔ HOLY FLAT

Neukölln | **www.holy-flat.com** | **Mo–Fr 11.30–21, Sa 12.30–21 Uhr** | **Lenaustr. 10** | **Tel. 030 27 49 09 79**

Beauty-kur

Detoxing beim Essen im Daluma

NICHT NUR FÜR KANINCHEN

Frische Salate, die Sie mit Lachs, Thunfisch oder Ziegenkäse aufbrezeln können und heiße Suppe wie »Mulligatawny« (indische Hühnchensuppe). So navigieren Sie leicht und in Bioqualität durch die Mittagspause. Für die Extraportion Vitamine sorgen hausgemachte Drinks wie »iLike« (Karotte, Orange, Ingwer) oder »Bodyguard« (Sellerie, Gurke, Zitrone, Apfel, Ingwer).

➔ LITTLE GREEN RABBIT

Mitte | www.littlegreenrabbit.com | Mo–Fr 8–17, Sa 11–16 Uhr | Friedrichstr. 200 (Eingang Mauerstr.) | Tel. 030 37 46 20 03
Mitte | Mo–Fr 11–17 Uhr | Jägerstr. 27 | Tel. 030 91 46 44 81

UNFRITTIERT

Kaum wird in der asiatischen Küche einmal nicht frittiert, ist sie nicht nur lecker, sondern auch leicht und kalorienarm. Das koreanische Signature Dish *bibimbaps* aus frischem Gemüse, Reis und Fleisch oder Tofu plus Spiegelei wird in der heißen Schüssel serviert (umrühren nicht vergessen!). Die Sandwiches mit Kimchi und Gemüse sind ebenfalls sehr zu empfehlen.

➔ KOREAN FOOD STORIES

Prenzlauer Berg | www.koreanfoodstories.com | Mo–Fr 12–17 u. Mo–Mi 18–20, Do, Fr 18–21 Uhr | Prenzlauer Allee 217 | Tel. 0157 36 37 50 02

AUSGELÖFFELT

Hier gibt es etwas auf die Löffel. Und zwar jeden Tag drei Tagessuppen unter fünf Euro, die satt, zufrieden, aber niemals dick machen. Auf der Karte landet Ungewöhnliches wie Rote-Bete-Suppe mit Meerrettich, Süßkartoffel-Sauerkraut-Eintopf oder orientalische Tomatensuppe. Mit INSIDER TIPP Bonuskarte ist jede zwölfte Suppe umsonst.

➔ DIE LÖFFELEI

Tiergarten | www.die-loeffelei.de | Mo–Fr 11.30–18 Uhr | Potsdamer Str. 73 | Tel. 030 26 39 48 98

Kill die Kilos!

Kaumuskel trainiert? Nun folgt der Rest!

FIT MIT STOYAN

Ursprünglich wollte Stoyan nur seine Freunde etwas fitter machen. Diese hatten dem Kampfsportler so lange in den Ohren gelegen, ob er nicht auch mal mit ihnen trainieren könne, bis er sie sonntagmorgens zu Hampelmännern und Kraftübungen in den Schöneberger Volkspark bestellte. Mittlerweile ist jeder willkommen, ein zweiter Termin am Dienstag im Angebot, und Stoyan will nicht einmal Geld dafür.

➔ SCHWITZEN IM PARK

Schöneberg | **www.facebook.com/SchwitzenImPark | So 10.30, Di 18 Uhr | Hirschbrunnen im Volkspark Schöneberg**

STEH UND PADDLE

Aus Hawaii stammen die Sportarten für die coolen Leute. So auch das Stand-up-Paddeln, bei dem Sie aufrecht auf einem Board stehen und sich mit einem Paddel fortbewegen. Leider ohne hawaiianische Temperaturen können Sie das u. a. auf dem Müggelsee.

➔ NALANI SUPSURFING

Köpenick | www.nalani-supsurfing.com | April 14–18, Mai 10–20, Juni, Aug. 10–20, Sept. 11–18, Okt. 14–17 Uhr, März auf Anfrage u. bei gutem Wetter | Board-Verleih 1 Std./10 Euro, 1-Std.-Kurs/20 Euro | Seebad Friedrichshagen | Müggelseedamm 216 | Tel. 0160 96 38 70 17

NUR KEINE ENERGIE VERSCHWENDEN!

Warum die Energie, mit der Sie gerade mühsam den Crosstrainer bearbeiten, ungenutzt verpuffen lassen? Mithilfe eines Auto-Ladekabels für Ihr Handy oder Ihren MP3-Player können Sie diese mit dem selbst erzeugten Strom laden. Pfiffig, nicht? Außerdem lockt das Studio mit INSIDER TIPP Kinderbetreuung und einer Happy-Hour-Mitgliedschaft (39 Euro/ Jahr, Training nur vormittags).

➔ GREEN GYM BERLIN

Prenzlauer Berg | www.greengymberlin.de | Mo–Fr 7–23, Sa, So 10–20 Uhr | Immanuelkirchstr. 3–4 | Tel. 030 4 43 79 40

KOMPLETT DURCHGEDREHT

Spinning? Pffft! Nur die Beine zu trainieren, ist was für Luschis. Beim Ride Berlin wird 50 Minuten lang der ganze Körper gefordert. Sie strampeln und hampeln und hantieren mit Hanteln und werden dabei von lauter Musik im Disco-Dunkeln befeuert. Zweimal testriden kostet 26 Euro.

➔ RIDE BERLIN

Mitte | www.ride-berlin.com | Termine s. Website | Schützenstr. 70 | Tel. 030 23 94 67 44
Charlottenburg | Lietzenburger Str. 86 | Tel. 030 49 95 37 23

VOLL RETRO

Der gute, alte Trimm-Dich-Pfad erlebt seine Wiedergeburt, allerdings in moderner Form. Das stabile Equipment (etwa Butterfly-, Ruder-, Twister- und Stepper-Geräte) in den öffentlichen Sportparks war ursprünglich für Senioren gedacht. Es hält aber auch Jüngere fit, und Sie müssen auch kein Schweißband und keinen Polyester-Jogginganzug tragen!

➔ TRIMM-DICH-PFAD

Charlottenburg | Lietzensee Nordufer
Friedrichshain | Volkspark Friedrichshain
Moabit | Fritz-Schloss-Park

SO RICHTIG GESUND

So werd ich 100 Jahre alt!

VEGANE SPITZE

Das Lucky Leek kochte schon vegane Spitzenküche, als viele darunter noch irgendwas mit geschrotetem Grünkernbrei verstanden. Küchenchefin Josita Hartanto stellt auf ihrer monatlich wechselnden Karte raffinierte Menüs wie Kürbistarte, gegrillten Portobello-Pilz mit Seitanknusper und Spekulatiusmousse zusammen – das klingt besser, ist aber immer noch gesund. Das 3-Gänge-Menü ohne Wein kostet 35 Euro, fünf Gänge kommen auf 55 Euro.

➔ LUCKY LEEK

Prenzlauer Berg | www.luckyleek.com | Mi–So 18–22 Uhr | Kollwitzstr. 54 | Tel. 030 66 40 87 10

BAUM AM SEE

Die Bio-Welle ist von Prenzlauer Berg Richtung Norden geschwappt und in diesem aufgeräumten Café und Restaurant in Weißensee von Anker gegangen. Alle Zutaten sind biozertifiziert; das Fleisch aus artgerechter Haltung. Gekocht werden Klassiker wie Ratatouille, Wiener Schnitzel oder Spaghetti Carbonara. Morgens gibt es Frühstück. Wer glutenfrei essen möchte, sagt Bescheid.

➔ BIORESTAURANT MANDELBAUM

Weißensee | www.biorestaurant-mandelbaum.de | Di–So 10–23 Uhr | Smetanastr. 9 | Tel. 030 96 06 37 73

Authentisch
Nordindische Küche im Tschüsch, Reisberg inklusive

MITTAGSBIO

Ein Bistro, das an einen Bioladen angeschlossen ist? Natürlich kommen hier nur ökologisch angebaute Produkte auf den Teller! Auf der kleinen Tageskarte warten meist zwei Suppen, ein warmes Tagesgericht und Salate auf Sie – alle frisch, lecker und zu fairen Preisen. Perfekt für eine Mittagspause um die Ecke der Kurfürstenstraße. Bei schönem Wetter können Sie gemütlich draußen sitzen.

➔ BIOBISTRO RADIESCHEN

Tiergarten | **www.biobistro-radieschen.de** | **Mo–Fr 9–16 Uhr** | **Pohlstr. 61** | **Tel. 0163 2331006**

WIE GEORGE UND ROBBIE

Für diesen Berliner Klassiker der gehobenen vegetarischen Küche müssen Sie schon cool genug sein, sich über den Hof der Komischen Oper und dort über eine schrabbelige Betontreppe in den ersten Stock zu wagen. Aber hey, Robbie Williams und George Clooney haben das auch schon geschafft. Aus der übersichtlichen Karte stellen Sie sich selbst ein 3- bis 4-Gänge-Menü zusammen (45 bzw. 59 Euro) – etwa aus Wachtelei im Brioche, Parmesanknödel mit Albatrüffel und Apfelsorbet mit Dill.

➔ COOKIES CREAM

€€€ | Mitte | **www.cookiescream.com** | **Okt.–April Di–Sa ab 18, sonst ab 19 Uhr** | **Behrenstr. 55** | **Tel. 030 27492940**

FLEISCHLOS WÜRZIG

Danke, Buddhismus! Ohne dich wäre es wohl nicht so einfach, fantastisches indisches Essen zu genießen, das ohne Fleisch und auch sonstige tierische Produkte auskommt. Im Tschüsch hat man diesen Vorteil erkannt und serviert vegetarische, zumeist sogar vegane Gerichte aus dem Norden Indiens. Ein leckerer Dal ist hier ebenso zu haben wie gut durchgewürzte Gemüse-Currys. Dazu gibt es einen der vielen Mate- oder einen Bio-Hanf-Tees. Falls Sie Ihr Essen gerne zu Hause genießen: Das Tschüsch macht beim Tiffin-Projekt mit, bei dem man sich INSIDER TIPP Mehrwegboxen zum Mitnehmen ausleihen kann.

➔ TSCHÜSCH

Neukölln | **www.tschuesch.de** | **Mo, Fr 12–22.30, Di–Do 17–22.30, Sa, So 15–22.30 Uhr** | **Fuldastr. 12** | **Tel. 030 54484414**

TASCHEN IN BOXEN

Wer Ausschau nach gesunden Snacks hält, ist hier richtig. In Snackboxen werden Variationen von Teigtaschen mit Dips zusammengestellt. Die Zutaten sind nicht nur vegetarisch und frisch, sondern erfüllen auch Bioansprüche. Ihre Inspiration fanden Martin Fehre und Marc Thomas in der nepalesischen Küche. Davon zeugen Füllungen wie Tofu-Sesam mit Lauch oder Kartoffel-Kohl-Karotte mit Chili und Ingwer. Auch der Klassiker Spinat-Schafskäse ist zu haben.

➔ MOMOS

Mitte | **www.momos-berlin.de** | **Mo–Sa 12–22 Uhr** | **Fehrbelliner Str. 5** | **Tel. 0160 2688177**

SEELEN-FUTTER

Ganz viel Trost mit Schokoguss

EIN DÖNER AUS WAFFEL

Angeblich wurde hier der Obst-Döner erfunden: eine heiße Klappwaffel gefüllt mit Früchten, verschiedenen Saucen, Eis, Smarties, Schokoraspeln oder/und Zuckerperlen. Bei so viel Zucker und Schokolade verschwinden triste Gedanken und schlechte Stimmung von selbst. Lassen Sie sich das nur nicht dadurch vermiesen, dass Sie vor allem am Wochenende dafür oft anstehen müssen.

➔ WONDER WAFFEL

Kreuzberg | www.wonderwaffel.de | Mo–Do 11.30–23, Fr, Sa bis 24 Uhr, So 12–23 Uhr | Adalbertstr. 88 | Tel. 030 91 43 70 53

EIS AROUND THE CLOCK

Wussten Sie, dass ein leckeres Eis dunkle Wintergedanken schmelzen kann? Ganz recht! Zum Glück hat die Schokoladeneis-Manufaktur im Lichtenberger Viktoriakiez für Sie deshalb auch das ganze Jahr geöffnet. Wem einmal nicht nach Milchreiseis oder Kinderschokoladeneis ist, wählt aus dem großen Sortiment an selbst gemachten Pralinen und Trüffeln. Brot macht Sie froh? Bitte: Dienstags und freitags werden im Backofen im Hof INSIDER TIPP Sauerteigbrote gebacken.

➔ SCHOKOLADENEIS-MANUFAKTUR

Lichtenberg | tgl. 12–19 Uhr | Kaskelstr. 15 | Tel. 030 74 39 37 21

NOCH MAL KIND SEIN

Es gibt Tage, da hilft nur noch Milchreis, so wie ihn einst Mama kochte, wenn es über ein frisch aufgeschlagenes Knie hinwegzutrösten galt. In dem Kreuzberger Café gibt es den Klassiker wahlweise mit Roter Grütze oder Bratapfel und sogar in veganer oder glutenfreier Variante. Diverse Kuchen, Tartes und Pies liegen auch immer in der Theke, sodass der ausführlichen Selbsttröstung nichts im Wege steht.

➔ DER MILCHLADEN

Kreuzberg | www.der-milchladen-berlin.de | Mo–Fr 8–19, Sa 11–16 Uhr | Dresdener Str. 20 | Tel. 030 6 15 72 72

LUFTIG MIT KRUSTE

Der Begriff ›Splitterbrötchen‹ sollte Sie an dieser Stelle nicht verunsichern: Was Thomas Hacker jeden Morgen nach altem Familienrezept zaubert, hat wenig mit den gleichnamigen Backwaren von der Stange gemein. Der Berg aus frischem, luftigem Teig mit knuspriger Kruste und klitschigen Zwischenstücken ist zum Hineinlegen und sogar als Foto bei Wikipedia hinterlegt. So lecker und riesig, dass es jede schlechte Laune plattmacht – ein gut investierter Euro!

➔ BÄCKEREI HACKER

Prenzlauer Berg | www.die-stargarder.de/hacker | Di–Fr 7–18.30, Sa 6–14 Uhr | Stargarder Str. 69 | Tel. 030 4 45 51 73

TEIG, DER WAS TAUGT

Hallo, roher Keksteig! Was früher aus Omas Rührschüssel schmeckte, verliert nicht an Großartigkeit, wenn man es mit dem Eisportionierer in großen Mengen in Becher schaufelt. Ob mit Streuseln, Marshmallows oder Schokostückchen: Diana Hildenbrands Kreationen sind lecker und – war das nicht Omas Warnruf? – dank Eifreiheit total unbedenklich im rohen Verzehr.

➔ SPOONING COOKIE DOUGH

Prenzlauer Berg | www.i-love-spooning.de | Mo–Fr 13–19, Sa, So 12–19 Uhr | Kollwitzstr. 56 | Tel. 0177 3 10 43 10

EINFACH ZU GUT

Vor ein paar Jahren schaffte es das Hokey Pokey in die lokale Presse, weil es zu beliebt war. Die lange Schlange vor dem Laden nervte die Nachbarn; es folgte eine saftige Preiserhöhung – die Leute kamen trotzdem. Der Ärger hat sich gelegt und das wunderbare Eis kann seine beruhigende Wirkung wieder ungebremst entfalten: weiße Schoko mit gesalzenen Pistazien und Karamell-Toffee-Sauce oder Bergamotte-Blutorange – hmmmm!

➔ HOKEY POKEY

Prenzlauer Berg | www.hokey-pokey.de | tgl. 13–19 Uhr | Stargarder Str. 72–73 | Tel. 0176 80 10 30 80

Trost-spender

Der Milchladen weiß, wie's geht

Dumm gelaufen

Pannendienst – gleich nebenan

ERSATZTEIL FÜR ALTE WASCHMASCHINE GESUCHT!

Ihr Gerät ist noch tipptopp in Schuss, nur dieses eine Teil muss ausgetauscht werden – wird aber seit Jahren nicht mehr hergestellt? Auf zu Roland Kieling, dessen Laden nicht aus Spaß Mister 1000 Teile heißt. Er hat alles, vom Schlauch für jedes Staubsaugermodell über Herdschalterknöpfe bis zu von der EU verbotenen Glühbirnen. Hier werden Sie fündig!

➔ MISTER 1000 TEILE

Schöneberg | Mo–Do 15–20 Uhr | Bundesallee 79 | Tel. 030 85 10 22 88

ANZUG DRECKIG, ABER GAR KEINE ZEIT!

Bluse verklebt; Krawatte vollgekleckert; und mit dem Anzug können Sie garantiert keine Dienstreise antreten. Doch für den Gang zur Reinigung ist gerade echt keine Zeit? Zum Glück hat dafür das Internet den Wäschedienst erfunden, der zur Wunschzeit alles abholt und im Schnitt nach zwei Tagen sauber wieder zurückbringt.

➔ JOHNNY FRESH

Stadtweit | **www.johnnyfresh.de** | **Tel. 0800 3441166**

PARTY LÄUFT, DAS BIER NICHT MEHR!

Die Musik dröhnt, die Meute tanzt, nur der Biervorrat geht bedenklich zur Neige. Fix zum Späti? Viel zu weit! Lieber schnell zum Telefon gegriffen und sich innerhalb einer Stunde Getränke, Snacks und Zigaretten liefern lassen. Auch INSIDER TIPP im Park, am See oder sogar auf der Verkehrsinsel.

➔ PARTYBRENNER

Stadtweit | **www.partybrenner.de** | **Mo 22–1, So, Di–Do 20–1, Fr, Sa 20–3 Uhr** | **Tel. 0800 4050111 oder 0163 9393935, auch per Whatsapp**

DER PFANDBERG MUSS WEG!

Die Party ist vorbei, nur die Flaschen sind noch da? Der Mitbewohner hat seine Altersvorsorge in Form von Pfandflaschen in der Küche gelagert? Oder Sie sind selbst schuld, haben aber keine Lust, den Mist zum Automaten zu schleppen? Ein Anruf, und ein Pfandsammler nimmt alles (als Spende) mit. Nummern stehen auf der Website.

➔ PFAND GEBEN

Stadtweit | **www.pfandgeben.de**

PICKNICKKORB GEPACKT, FAHRRAD PLATT

Sonntag, bestes Wetter – aber das Rad ist platt. Ein Fall für die Schlauchomaten: Geld rein, Schlauch raus, einbauen und los! Elf Stück gibt es in der Stadt. Die Übersicht hat: www.schwalbe.com/de/haendlersuche.

➔ SCHLAUCHOMATEN, U.A. RAD DER STADT

Prenzlauer Berg | **Prenzlauer Allee 50**

➔ RADSPANNEREI

Kreuzberg | **Kottbuser Str. 8**

➔ FAHRRADSTATION

Mitte | **Dorotheenstr. 30**

SCHNELLER SNACK

Heißhunger? Auf zum Gegenangriff!

AYURVEDISCHE BURGER

Moment mal: Fastfood, das gesund ist? Das gibt es. Im Glück to go. »Alle Burger sind vegetarisch und vegan, ayurvedisch inspiriert und werden mit indischen Masalas gewürzt«, sagt Inhaberin Kirsten Peters. Anstelle von Weizen werden für die Brötchen Dinkel und Mungbohnen verwendet, und statt traditioneller Frikadellen gibt es vegetarische Gemüsepuffer. Die Anregungen für ihre Küche holte Peters sich in einem indischen Kloster.

➔ GLÜCK TO GO

Kreuzberg | **www.glueck-to-go.de | Mo, Di, Do–Sa 12–20, So 12–19 Uhr | Friesenstr. 26 | Tel. 030 89 62 02 52**

BIG IN JAPAN

Wenn Sie das nächste Mal irgendwo ein Hotdog ordern, werden Sie nicht mehr damit zufrieden sein, dass man Ihnen nur Brötchen, Wurst und Ketchup kredenzt. Denn mit Zutaten wie Teriyaki-Sauce, Wakame-Gurken-Salat oder Tempura-Garnelen schmecken die Klassiker einfach so viel besser! Der in Reinickendorf geborene gelernte Sushi-Koch Wimin Tran hat die Idee aus Kanada importiert, wo japanische Hotdogs schon seit Jahren ein Renner sind. Alle Kreationen sind auch mit fleischfreier Wurst verfügbar.

➔ OI SHII HOT DOGS

Prenzlauer Berg | **www.oishii-hotdog.de | Mo–Do 12–21.30, Fr, Sa 12–22, So 14–21 Uhr | Schönhauser Allee 65 | Tel. 030 33 85 93 94**

OPIUM FÜRS VOLK

Eine Spezialität der beliebten Currywurst-Bude von Matthias Wolf ist die Sauce mit dem bezeichnenden Namen ›Opium‹ – laut Wolf macht sie süchtig. Der Berliner erfand sie vor Jahren im Urlaub in der Karibik, von wo er sich heute das süß-scharfe Gewürz dafür liefern lässt. Viele Kunden schwören darauf. Falls Sie das auch so sehen und nicht immer an den Kudamm dafür reisen mögen: Mittlerweile vertreibt Wolf seine INSIDER TIPP Wurst im Weckglas auch über das Internet.

➔ CURRY WOLF

Charlottenburg | **www.curry-wolf.de | Mo–Sa 9–22, So 11–22 Uhr | Rankestr. 36 | Tel. 030 2 14 02 62**

Rolle vorwärts

Chupenga rollt alles, was in einen Burrito passt

BURRITO-LOVE

Unter der Behauptung »die besten Burritos der Stadt« macht man es in Mitte natürlich nicht. Doch in diesem Fall ist das Eigenlob gerechtfertigt: Alles, was im hippen Interieur vor den Augen der Gäste in Teigfladen gerollt wird, ist frisch und im Zweifelsfall vor Ort zubereitet worden. Das gilt auch für die hausgemachte Limonade. Wer es fleischlos mag, bekommt vegetarische und vegane Alternativen angeboten. Auch für Menschen mit Gluten-Unverträglichkeit sind fast alle Menüs geeignet.

➔ CHUPENGA

Mitte | www.chupenga.com | Mo–Fr 11.30–20 Uhr | Mohrenstr. 42 | Tel. 030 23 93 69 61

EIN KÖNIGREICH FÜR POMMES

Diese Burger sind aus Neuland-Fleisch, handgeformt und verpackt in Brötchen vom Kiezbäcker, bei denen Sie sich nur noch entscheiden müssen, ob es die Variante mit Weizen oder Vollkorn sein soll. Zu den holländischen Fritten gibt es, wie im Königreich der Pommes üblich, leckere Saucen-Kreationen wie Joppie-Saus (Majo mit Curry und Zwiebeln) oder Erdnusssauce. Weitere niederländische Klassiker wie Frikandel oder Kroket stehen natürlich auch auf der Karte.

➔ REMBRANDT BURGER

Friedrichshain | www.rembrandt-burger.de | Mo–So 12–22 Uhr | Richard-Sorge-Str. 21 | Tel. 030 89 99 72 96

KANADISCHES SOUL-FOOD

Pommes, Bratensauce, Cheese Curds (eine bröckelige Vorstufe des Cheddars): Nein, Gourmets sind die Kanadier nicht gerade. Aber Poutine, ihr Nationalgericht, soll ja auch keine Michelin-Sterne einheimsen, sondern genau so lecker schmecken und satt machen, wie es nur gutes Fastfood versteht. Und das gelingt, nun auch endlich in Berlin in der Arminius-Markthalle.

➔ THE POUTINE KITCHEN

Moabit | www.thepoutinekitchen.de | Mo–Mi 12–21, Do–Sa 12–22 Uhr | Arminiusstr. 2–4 | Tel. 0177 7 81 14 19

LOKALE LOKALE

So isst Berlin

100 JAHRE EISBEIN

Hier wird auf über 100 Jahre Tradition zurückgeblickt – sogar ein Teil des Inventars ist noch aus dem Gründungsjahr 1902. Auch an der Karte scheint sich wenig verändert zu haben: Königsberger Klopse, Eisbein sowie Hoppelpoppel, die Berliner Abwandlung des Bauernfrühstücks mit in Streifen geschnittenem Kasseler. Mit so viel Erfahrung weiß man das natürlich zuzubereiten. Angesichts dessen überraschend: INSIDER TIPP Sonntagabends wird Tango gelehrt und getanzt.

➔ MAX UND MORITZ

Kreuzberg | **www.maxundmoritzberlin.de** | **tgl. ab 17 Uhr** | **Oranienstr. 162** | **Tel. 030 69 51 59 11**

PANADE MIT DEKO

Gut bürgerlich durch und durch. Hier wird das Schnitzel noch großzügig paniert und das Schweinemedaillon mit Pilzrahmsauce serviert. Um das urige Ambiente perfekt zu machen, ist der Schankraum mit allerlei Nippes dekoriert. Käme im nächsten Augenblick Harald Juhnke durch die Tür, man würde sich nicht wundern. Nur Vegetarier haben es schwer (überbackener Brokkoli ist kein Gericht!). Aber das hat in der deutschen Küche ja auch Tradition.

➔ SCHÖNEBERGER WELTLATERNE

Schöneberg | **www.schoeneberger-weltlaterne.mycylex.de** | **tgl. 17–24 Uhr** | **Motzstr. 61** | **Tel. 030 21 96 98 61**

MEHR ALS EIN BIERGARTEN

Neben dem traditionellen Biergarten im Hinterhof an der Kastanienallee, wo es handfeste Snacks zum selbst gebrauten Prater Pils gibt, lockt die anliegende Gaststätte mit deutscher Küche nach Tageskarte. Das rustikale Wirtshausambiente verträgt sich dabei hervorragend mit Kasselerbraten, Wiener Schnitzel und Serviettenknödeln. Auch der Salat mit überbackenem Ziegenkäse in der Größenordnung ›ganzer Salatkopf‹ ist empfehlenswert.

➔ PRATER GASTSTÄTTE

Prenzlauer Berg | **www.pratergarten.de** | **Mo–Sa ab 18, So ab 12 Uhr** | **Kastanienallee 7–9** | **Tel. 030 304 48 56 88**

Heimat-
grüße
aus der Prater
Gaststätte

UNTER STROM

Berliner Klassiker modern zu interpretieren hat sich Küchenchef Matthias Gleiß zur Aufgabe gemacht. In den Räumen eines ehemaligen Umspannwerks am Landwehrkanal (ah, daher der Name Volt!) setzt er Gerichte wie Blutwurstmaultaschen mit Grünkohl, gebeizten Kaninchenschinken mit Sanddorn sowie Knödel mit Rosenkohl und Kürbis auf die häufig wechselnde Karte. Natürlich stammen nicht nur die Rezepte, sondern auch die saisonalen Zutaten aus der Region.

➔ VOLT

€€€ | Kreuzberg | www.restaurant-volt.de | Di–Sa 18–24 Uhr | Paul-Lincke-Ufer 21 | Tel. 030 3 38 40 23 20

NEUE DEUTSCHE KÜCHE

Beim Fräulein Fiona geht es unprätentiös, aber gemütlich zu. Auf die stets wechselnde Karte und die Holztische mit den weißen Läufern unterm Kronleuchter kommt, was Saison und Region gerade hergeben. Etwa Lamm auf Spitzkohl, Landente mit Rotkohl oder Apfeltarte mit Glühweineis. »Neue Deutsche Küche« heißt das beim Fräulein. Falls Sie ihm nacheifern wollen: Regelmäßig gibt es INSIDER TIPP Gourmet-Kochkurse (Infos auf der Website).

➔ FRÄULEIN FIONA

Charlottenburg | www.fraeulein-fiona.de | Di–Sa 18–24 Uhr, Küche bis 22, Fr, Sa bis 22.30 Uhr | Fritschestr. 48 | Tel. 030 95 60 22 72

Neudeutsch

können Sie beim Fräulein Fiona essen – und kochen lernen

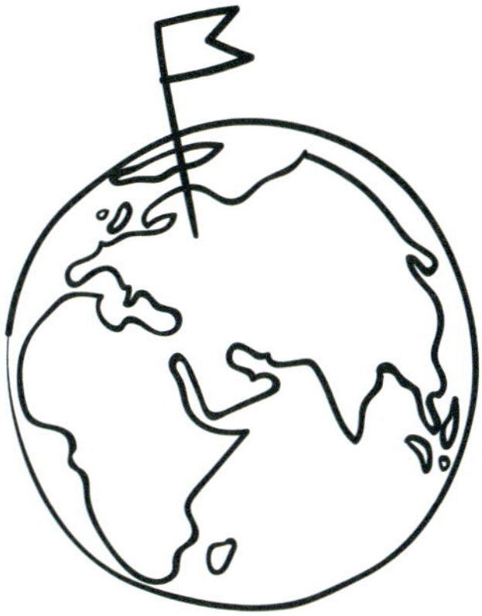

PIZZA TRIFFT MÜGGELSEE

Doch, doch, süditalienische Küche in Berlin kann schon regional sein. Schließlich erntet Giuseppe einen Teil seiner Zutaten im eigenen Garten am Müggelsee. So landen schon mal Kürbis oder Kastanien auf den krossen Pizzen, für die der Laden bekannt ist. Weitere Besonderheit: Hier entsteht die INSIDER TIPP größte Pizza Berlins – in bis zu zwei Metern Länge!

MAMI CAMILLA

Prenzlauer Berg | **www.mamicamilla.de** | **tgl. 12–23 Uhr** | **Hufelandstr. 36** | **Tel. 0176 24 68 65 52**

HANDFEST MODERN

Dass der moderne Berliner von heute seine Kalbsbäckchen gerne in leicht modernisierter Form angeboten bekommt, hat man in Prenzlauer Berg natürlich längst verstanden. Daher gibt es im Lorbeer dazu Burgundersud und gegrilltes Gemüse; das Hirschragout wird mit Schokolade zart gegart. Dennoch behalten die Gerichte einen handfesten Charme. Wo es geht, wird dafür in der Region eingekauft, weshalb die Karte je nach Saison angepasst wird.

RESTAURANT LORBEER

Prenzlauer Berg | **www.restaurantlorbeer.de** | **tgl. ab 15 Uhr** | **Pappelallee 77** | **Tel. 0177 3 43 10 64**

BIS AUFS LETZTE

Ein Tier verdient es, nach der Schlachtung komplett verwertet zu werden. Das meinen Christoph Hauser und Michael Köhle, weshalb in ihrem Kreuzberger Restaurant Blutwurst, Leber sowie Herz und Nieren auf den Teller kommen. Zudem achten beide auf regionale und saisonale Zutaten. Falls Innereien doch nicht so Ihr Ding sein sollten, ordern Sie ein Innereien-freies oder gar das vegetarische Menü, die ebenfalls angeboten werden (vier Gänge kosten 50 Euro).

HERZ UND NIERE

€€€ | Kreuzberg | **www.herzundniere.berlin** | **Di–So ab 18 Uhr** | **Fichtestr. 31** | **Tel. 030 69 00 15 22**

EDEL, NAH UND GUT

Dass Berliner Lokalküche auch in unzähligen Gängen für 100 Euro im cleanen Berlin-Mitte-Ambiente serviert werden kann, beweist eines der gehyptesten Restaurants der vergangenen Jahre. Regionale, saisonale und zur Hälfte vegetarische Küche verspricht das Einsunternull und verlangt dafür: »Vergessen Sie alles, was Sie bisher geschmeckt, gesehen, erduftet, gespürt – wahrgenommen haben. Und dann beleben Sie Ihre Sinne neu«. Ein Mangel an Bescheidenheit – auch das ist echt lokal Berlin.

EINSUNTERNULL

€€€ | Mitte | **www.restaurant-einsunternull.de** | **Di–Sa 12–14, Mo–Sa ab 19 Uhr** | **Hannoversche Str. 1** | **Tel. 030 27 57 78 10**

ECHT EXOTISCH

Sieht komisch aus, schmeckt aber super

ZU GAST BEIM ZAR

Die russischstämmige Bevölkerung Berlins schätzt seit fast 40 Jahren die große Auswahl an Speisen aus ihrer Heimat im Samowar: Wareniki, Blini, Schaschlik und Zanderfilet nach Kosakenart. Das INSIDER TIPP Zarenfestmahl (39 Euro p. P.) mit dem Besten, was das Haus zu bieten hat, ist buchbar ab sechs Personen. Am Sonntag wird in zwei Schichten (Frühaufsteher 9–12.30, Langschläfer 13–16.30 Uhr) gebruncht.

➔ SAMOWAR

Charlottenburg | **www.restaurant-samowar.de | Mo–Sa ab 11, So ab 9 Uhr | Luisenplatz 3 | Tel. 030 3 41 41 54**

LECKERE ZUNGENBRECHER

Menschen, die schon einmal in Georgien waren, schwören: Dieses Essen ist wirklich authentisch! Die drei Macher Tosh Dirschka, Inga Akhvlediani und Rusudan Gorgiladze wissen eben, was Sie tun. Letztere ist übrigens nicht nur leidenschaftliche Köchin, sondern war auch mal stellvertretende georgische Bildungsministerin. Was es zu essen gibt? *Soko kecze* (mit Käse gefüllte Champignons), *chakhokhbili* (Hähncheneintopf) und *mcvadi* (Schweinefleischspieß mit Pflaumensauce).

➔ SCHWILIKO BERLIN

Kreuzberg | **www.schwiliko-berlin.de | tgl. ab 17 Uhr | Schlesische Str. 29 | Tel. 030 61 62 35 88**

VIETNAMESISCHES FAMILIENREZEPT

Mit vietnamesischer Küche lockt man in dieser Stadt keinen mehr hinter dem Ofen hervor? Aber der Koch, Tuan Dung, ist tatsächlich in Saigon und nicht in Beijing, Bangkok oder Wuppertal aufgewachsen! Schon seine Mutter habe in Vietnam große Gesellschaften bekocht, wirbt das Restaurant, das bei allen Gerichten auf frische Zutaten und schonende Garung setzt. Auf einem Familienrezept beruht auch die traditionelle Pho-Suppe, die hier angeboten wird. Kosten sollten Sie auch den Glasnudelsalat.

➔ SAIGON TODAY

Charlottenburg | **www.today.saigon-berlin.de | Mo–Sa 12–23, So 13–23 Uhr | Wilmersdorfer Str. 69 | Tel. 030 32 76 60 81**

chakhok-hb... Was?

Es braucht Übung, die Namen der Gerichte im Schwiliko Berlin richtig auszusprechen

DER FERNSEHKOCH GRILLT

Allen, denen der bekannte Fernsehkoch Chakall ein Begriff ist, sei ein Besuch in dessen südamerikanischem Lokal ans Herz gelegt – und allen, die ihn noch kennenlernen wollen, natürlich auch. Auf dem Grill werden dicke Fleischscheiben auf den Punkt geröstet, dazu, davor oder danach gibt es *ceviche* – marinierter Fisch, der in verschiedenen Ragout-Varianten auf einer Schiefertafel mit dünnen Zwiebeln, Chili, Limetten und Koriander serviert wird. Bunt wie die Speisen ist auch das Ambiente: ein Ausflug nach Südamerika, mit feuriger Musik und guter Laune.

➔ **SUDAKA**

Schöneberg | **www.sudaka.de** | **Di–Do 18–23, Fr, Sa 17–24, So 17–23 Uhr** | **Goltzstr. 36** | **Tel. 030 21 91 31 78**

JENSEITS VON SUSHI

Die japanische Küche hat noch viel mehr zu bieten als Sushi. Nach New York ist Berlin der zweite Standort des Restaurants, das seinen Gästen eine »Reise nach Tokio« verspricht. Auf diese können Sie sich gut bei einem 8-Gänge-Menü begeben (65 Euro p. P.). Der Tofu ist hausgemacht, auf der Karte stehen gegrillter Fisch, Rinderfilet, Thunfisch-Sashimi oder frische französische Austern. Gute Sake-Auswahl, schönes Ambiente.

➔ **ZENKICHI**

Mitte | **www.zenkichi.de** | **tgl. ab 18 Uhr** | **Johannisstr. 20** | **Tel. 030 24 63 08 10**

Weit weg

Das Bejte Ethiopia entführt in den Nordosten Afrikas

ALLERLEI VOM ELCH

Norwegische Küche! Was Sie sich darunter vorstellen sollen? Natürlich Elchbraten und Fisch, Fisch sowie Fisch. Das nach eigener Aussage einzige norwegische Restaurant Deutschlands holt das Feinste aus dem Norden in den Bülowbogen. Als Einstieg ordern Sie eine Karaffe »Elchblut«, was zum Glück nur eine Mischung aus Blau- und Preiselbeeren ist, verfeinert mit Wodka. Zum Nachtisch gibt es *tilslørte bondepiker* – Apfelstücke in Zimt mit karamellisierten Streuseln und Sahne.

MUNCH'S HUS

Schöneberg | www.munchshus.de | tgl. 12–1, Küche bis 23 Uhr | Bülowstr. 66 | Tel. 030 21 01 40 86

HANDARBEIT

Wer braucht Messer und Gabel, wenn er Finger und den traditionellen äthiopischen Teigfladen *injera* hat? Also werden im Bejte Ethiopia die exotisch gewürzten, von der Konsistenz an Eintopf erinnernden Speisen mit der Hand gegessen. Lecker ist das Hühnerfleisch in scharfer Paprikasauce. Um den Kulturschock zu perfektionieren, wird das Bier in Schalen serviert. Verpassen Sie nicht die INSIDER TIPP Kaffeezeremonie: Täglich um 20 Uhr werden Bohnen frisch geröstet und zum köstlichen Koffeinkick zubereitet.

BEJTE ETHIOPIA

Schöneberg | www.bejte-ethiopia.de | Mo–Fr 16–24, Sa, So ab 14 Uhr | Zietenstr. 8 | Tel. 030 2 62 59 33

KRABBEL AUF BROT

Gemüsewrap mit knusprigem Mehlwurm gefällig? Halt! Nicht weglaufen! Das klingt nur eklig, weil ungewohnt. Tatsächlich sind Insekten nahrhaft und andernorts auf der Speisekarte etabliert. Team MikroKosmos möchte, dass Deutschland nachfolgt, und leistet Pionierarbeit auf Streetfood-Märkten. Wer auf den Geschmack kommt, bucht einen INSIDER TIPP Kurs zum Nachkochen.

MIKROKOSMOS

Kreuzberg | www.mikrokosmosberlin.com | Do 17–22 Uhr | Streetfood Thursday, Markthalle IX, Eisenbahnstr. 42/43

BUDDHAFREIE ZONE

Ein indisches Restaurant ohne goldenen Buddha und Gerichte voller Sahnesauce ist möglich! Das beweisen diese Spezialisten für südindisches Streetfood, das in Berlin so gut ankommt, dass es das mittlerweile auch in Neukölln gibt. Die Kernkompetenz des liebevoll eingerichteten Ladens sind *dosas* – dünne, gefüllte Pfannkuchen, die mit verschiedenen Chutneys kombiniert werden. Soo lecker! Für den letzten Schliff Reisegefühl sorgt ein Schluck gut gekühlte Masala Coke (Cola mit Zitronensaft und Gewürzmischung).

CHUTNIFY

Prenzlauer Berg | www.chutnify.com | tgl. 12–23 Uhr | Sredzkistr. 43 | Tel. 030 44 01 07 95
Neukölln | Mo–Fr 18–23, Sa, So 12–23 Uhr | Pflügerstr. 25 | Tel. 030 25 89 31 00

Weltreise in Berlin

Es wuselt, blinkt und irgendwo wird gerade frisch frittiert: Echter kann sich Asien in Berlin nicht anfühlen. Auf dem Großmarkt decken sich die Asia-Shops der Stadt mit Winkekatzen, frischem Koriander, Mungbohnen, Jogginghosen und Lampions ein. Auch Sie können hier direkt zuschlagen und zudem mit Händen und Füßen (so authentisch!) leckeres, vietnamesisches Essen bestellen.

DONG XUAN CENTER

Lichtenberg | **www.dongxuan-berlin.de | Mi–Mo 10–20 Uhr | Herzbergstr. 128–139 | Tel. 030 55 15 20 38**

QUELLE DER WINKEKATZEN

Vom Orient über China und Japan nach Bali – so schnell wie in den »Gärten der Welt« kommen Sie sonst nirgendwo rum. Seit 30 Jahren lockt die Gartenkunst schon nach Marzahn; 2017 ist mit dem Englischen ein zehnter Themengarten hinzugekommen. Für das Gefühl des Unterwegs-Seins nehmen Sie die Seilbahn zum Kienberg. Für akutes Fernweh perfekt!

GÄRTEN DER WELT

Marzahn | **www.gruen-berlin.de/gaerten-der-welt | wechselnde Öffnungszeiten nach Jahreszeiten: s. Website | Eisenacher Str. 99 | Tel. 030 7 00 90 67 78**

IN ZEHN GÄRTEN UM DIE WELT

Dass Berlin einst eine amerikanische Besatzungsmacht hatte, haben die meisten längst vergessen. Nur ein von unbeugsamen Reinickendorfern betriebener Saloon sorgt dafür, dass die Geschichte lebt und Sie endlich Line-Dance erlernen können. Kurse gibt es für Anfänger und Fortgeschrittene. Danach ein Miller Beer und Burger – so great, my dear!

AMERICAN WESTERN SALOON REINICKENDORF

Reinickendorf | **www.western-saloon.de | Termine und Zeiten s. Website | Königshorster Str. 6 | Tel. 030 40 72 87 80**

UNITED STATES OF REINICKENDORF

Wenn das kleine Fernweh kommt

SITZEND AM SAMOWAR

Vergessen Sie Hänsel und Gretel – hier kommen ihre Vettern aus Georgien, Turkmenien und Tadschikistan. Immer montags (neun Euro, vorher anmelden!) lesen die beiden Berliner Märchenfrauen Nina Madlen Korn und Katja Popow in der Tadschikischen Teestube vor. Deren Einrichtung schmückte übrigens schon 1974 auf der Leipziger Messe den sowjetischen Pavillon.

➔ TADSHIKISCHE TEESTUBE

Mitte | **www.tadshikische-teestube.de | Mo–Fr 16–23, Sa, So ab 12 Uhr, Märchen Mo 19.30, Einlass 18 Uhr | Oranienburger Str. 27 (im Kunsthof) | Tel. 030 204 11 12**

BADEN WIE EIN SULTAN

Für den Besuch im türkischen Dampfbad müssen Sie nur bis Schöneberg reisen. Da dieses nicht nur ein Ort der Entspannung, sondern auch der Reinigung ist, sollten Sie sich ein traditionelles, orientalisches Einseifen gönnen. Die Prozedur, die an Frauentagen nur von weiblichen Angestellten durchgeführt wird, dauert etwa zehn Minuten und kostet 14 Euro. Der Eintritt für drei Stunden liegt bei 19 Euro.

➔ SULTAN HAMAM

Schöneberg | **www.sultanhamamberlin.de | Damen Di, Do, So 11–22, Fr 11–23, Sa 10–23 Uhr, Herren Mo 14–23 Uhr, gemischt Mi 11–22 Uhr | Bülowstr. 56–57 | Tel. 030 21 75 33 75**

MEHR ALS NUR ESSEN!

SCHAU-PLÄTZE

Sitzen, essen, Leute gucken

EIN SOMMERTAGSTRAUM

In Berlin gibt es nicht nur gestandene VIPs zu sehen: In der Café-Bar An einem Sonntag im August können Sie überprüfen, dass die Kastanienallee ihren Beinamen ›Casting-Allee‹ zu recht trägt und dort tatsächlich hippe, junge Menschen in der Hoffnung auf ihre Entdeckung promenieren. Im Sommer nehmen Sie dafür direkt am Laufsteg, sprich an der Straße, Platz und genießen je nach Tageszeit Frühstücksbuffet, Burger oder frisch gezapftes Helles. Im Winter macht schon der Name des Ladens gute Laune.

AN EINEM SONNTAG IM AUGUST

Prenzlauer Berg | **www.an-einem-sonntag-im-august.de** | **tgl. ab 9 Uhr** | **Kastanienallee 103** | **Tel. 030 44 05 12 28**

PROMIS AUF SEKT

Hier müssen Sie die Wahl treffen: Schauen Sie lieber auf das wunderschöne Gebäudeensemble des Gendarmenmarkts, der Berlin fast ein wenig wie Paris aussehen lässt? Oder doch lieber verschämt nach den Prominenten, die sich hier gerne auf ein Glas Sekt treffen, der angeblich im Lutter & Wegner seinen deutschen Namen erhielt? Wie Sie sich auch entscheiden, versäumen Sie nicht, sich dabei durch die gute Hausmannskost auf der Karte zu probieren; es lohnt sich.

LUTTER & WEGNER

€€€ | Mitte | **www.l-w-berlin.de** | **tgl. 11–24 Uhr** | **Charlottenstr. 56** | **Tel. 030 20 29 54 15**

WIEDERSEHEN

Dass Benny Beimer auf dem Weg zur Hochzeit seiner Mutter bei einem Busunfall ums Leben kam, ist zwar schon eine Weile her. Doch echte »Lindenstraße«-Fans werden das nie vergessen. Ein Wiedersehen mit dem alten Rebell können Sie in Prenzlauer Berg feiern, wo Schauspieler Christian Kahrmann mittlerweile sein eigenes Café betreibt. Oft steht er dort selbst hinter der Theke und serviert besten Biokaffee, pikante Suppen und verschiedenste Crêpes-Variationen. Kuchen und selbst gemachtes Eis schmecken ebenso.

KAHRMANN'S OWN

Prenzlauer Berg | **www.kahrmannsown.de** | **Mo–Fr 10–19, Sa, So 11–19 Uhr** | **Bötzowstr. 21** | **Tel. 030 33 02 90 26**

JENSEITS DER »TAGESSCHAU«

Falls Sie nicht immer bis zur »Tagesschau« um 20 Uhr warten mögen, um deutsche Politiker, Hauptstadtjournalisten und so einige, die sich zumindest selbst ganz wichtig finden, wiederzusehen, sind Sie mit einem Ausflug ins Borchardt gut beraten. Das Essen ist international, die Terrasse im Innenhof empfehlenswert, und selbst gesehen werden Sie bei dieser Gelegenheit natürlich auch.

BORCHARDT

€€€ | Mitte | **www.borchardt-restaurant.de** | **tgl. ab 11.30 Uhr** | **Französische Str. 47** | **Tel. 030 81 88 62 62**

REICH UND SCHÖN

Leonardo di Caprio, Tom Hanks, Charlize Theron, Al Pacino, George Clooney – wenn es um die Gäste des Grill Royal geht, kann man ewig so weitermachen. Hier treffen die Reichen und die Schönen auf die noch Reicheren und noch Schöneren, die etwa die Berlinale in die Stadt zieht. Aber auch Sie sind herzlich willkommen, wenn Sie angesichts der Stars kein Aufheben zu machen bereit sind und Filet vom Kobe-Rind für über 100 Euro mögen.

➔ GRILL ROYAL

€€€ | Mitte | **www.grillroyal.com** | **tgl. ab 18 Uhr** | **Friedrichstr. 105 b** | **Tel. 030 28 87 92 88**

ZURÜCK IN DIE ZUKUNFT

An den Tischen des Romanischen Cafés arbeiteten einst Bert Brecht, Erich Kästner und Else Lasker-Schüler. 1943 fiel der legendäre Künstlertreff der wilden 1920er einem Bombenangriff zum Opfer, doch vor ein paar Jahren hat das neu gebaute Waldorf Astoria die Idee als Roca wiederbelebt. Hinter den großen Panoramafenstern, durch die Sie die City-West mit ihren bepelzmantelten Damen und den bewanderschuhten Touristen bewundern können, schmausen Sie Frühstück und Torten und sind mit sich und der Welt im Reinen.

➔ ROCA

€€€ | Charlottenburg | **www.waldorfastoriaberlin.de** | **tgl. 7.30–22 Uhr** | **Hardenbergstr. 28** | **Tel. 030 81 40 00 24 60**

Ist das nicht …?

Jawoll, Benny Beimer hinter der Theke im Kahrmann's Own

TOP-SERVICE

Die haben ihr Trinkgeld echt verdient!

HAMWA DOCH!

Sie wollen lieber draußen sitzen? Gastgeber Moto schleppt Stühle. Sie mögen keine Gurke im Moscow Mule? Kein Problem. Und generell schätzen Sie es, wenn Sie zum Bier kostenlos ein paar Oliven oder Nüsse kredenzt bekommen? Auch dafür ist gesorgt. Endlich mal eine Bar, die das Berlin-typische Flohmarkt-Sofa-Interieur nicht mit »Hamwa nich«/»Wollnwa nich«/»Ey, nerv mich nich« kombiniert. Geht doch.

➔ MOTO

Prenzlauer Berg | **www.facebook.com/Moto-219507768156768 | Mo–Sa ab 18 Uhr | Paul-Robeson-Str. 46**

GEGEN DEN RUF

Dem Klischee nach dürfte es dieses komplette Kapitel gar nicht geben. Denn schlechter Service hat in Berlin Tradition, und wenn diese Stadt eins nicht mag, dann ist es, ihren Ruf zu verlieren. Aber tatsächlich, es geht: Freundlich sein. Hilfsbereit. Und dazu noch leckeren Kaffee, Smoothies, Bagel und veganen Kuchen reichen. Falls Sie Beweise sehen wollen, schauen Sie selbst in dem sympathischen Café in Mauerpark-Nähe vorbei. Nur Fleischhaltiges finden Sie hier nicht.

➔ ATTI'S CAFÉ

Prenzlauer Berg | **www.facebook.com|attisespressocafe | Di–Fr 8–18, Sa 10–18, So 11–18 Uhr | Gleimstr. 44 | Tel. 0171 4774385**

BETREUTES BURGER-STAPELN

Noch so ein Laden, bei dem das Personal angenehm, lustig und so aufmerksam ist, dass das gerade geleerte Glas Bier sogleich bemerkt und ausgetauscht wird. Dazu gibt es Superfood-Salate, Burger und ungewöhnliche Kleinigkeiten wie Chili con Carne auf Hummus. Unter der wie erwähnt wohlgesinnten Beratung können Sie sich sogar an das **INSIDER TIPP** Modell »Bau dir einen Burger selbst« wagen – Rind oder Portobello-Pilz mit Toppings und Saucen wie Chili-Majo oder Zwiebelmarmelade nach Wahl in Marke Eigenbau.

➔ MUSE

Prenzlauer Berg | **www.museberlin.com | Mo–Fr 12–23, Sa ab 10.30, So 10.30–16 Uhr | Immanuelkirchstr. 31 | Tel. 030 40 05 62 89**

HERZLICH WILLKOMMEN

Geflüchtete aus Syrien, Afghanistan und dem Iran, die ihren neuen Kreuzberger Mitbewohnern Speisen ihrer Heimat kochen und servieren: Bei so viel Gastfreundschaft auf allen Seiten wird einem doch ganz warm ums Herz. Für noch mehr Stimmungsanstieg sorgen Fatoush (Salat mit frittiertem Fladenbrot), Sambusek (gefüllte Teigtaschen) und der Klassiker Hummus.

➔ **KREUZBERGER HIMMEL**

Kreuzberg | www.kreuzberger-himmel.de | Mi–So 17–2 Uhr | Yorckstr. 89 | Tel. 0171 7 85 89 39

MACH'S DOCH SELBST

Zur ganzen Wahrheit gehört bei allem aber auch: Wer in Berlin immer verlässlich freundlich bedient werden möchte, der serviert sich sein Essen besser selbst. Um zumindest die Arbeit des Rezepte-Suchens und Einkaufens zu minimieren, kann man sich Idee samt Zutaten als Kochbox nach Hause liefern lassen. Sie müssen sich nur entscheiden, ob Ihnen heute Frische, Saisonalität oder Kinderkompatibilität wichtiger ist.

➔ **WWW.HELLOFRESH.DE**
➔ **WWW.MARLEYSPOON.DE**
➔ **WWW.LIDL-KOCHZAUBER.DE**

BIER FIRST

Ein Restaurant, das seine Gäste mit einem Bier aufs Haus begrüßt, kann kein schlechtes sein. Auch sonst sind die Kellner der Schnitzelei sehr bemüht. Sagen Ihnen die diversen Schnitzel-Varianten nicht zu, servieren sie gerne deutsche Tapas wie Petersilien-Graupen-Salat, Fischfrikadellen mit Kräuterremoulade oder Obazda.

➔ **SCHNITZELEI**

Charlottenburg | www.schnitzelei.de | Mo–Fr 16–24, Sa, So 12–24 Uhr | Röntgenstr. 7b | Tel. 030 34 70 27 77
Mitte | tgl. 16–24 Uhr | Hinterhof über die Chausseestr. 8 oder Novalisstr. 11 | Tel. 030 32 51 94 22

Geht doch!
Netter Draht auch zur Bedienung. Atti's Café macht's möglich

BESTE AUS-SICHTEN

Essen über den Wolken

EIN STERN IN GROSSER HÖHE

In der 14. Etage des Hotels InterContinental wird seit 1999 mit Michelin-Stern gekocht. Die Aussicht ist hier also nicht das Einzige, was in das Restaurant direkt am Tiergarten lockt, sondern es sind auch die Paprika mit Borlotti-Bohnen, die Jakobsmuschel mit Hühnerhautknusper oder die Wachtel mit Pastinake. Vier Gänge kosten ab 110 Euro; eins der Menüs ist immer vegetarisch.

➔ HUGOS RESTAURANT

€€€ | Tiergarten | **www.hugos-restaurant.de | Di–Sa 18.30–22.30 Uhr | Budapester Str. 2 | Tel. 030 2 60 20**

AUF DIE SPITZE GETRIEBEN

Das Sphere in der Kuppel des Fernsehturms am Alexanderplatz ist in zentraler Lage mit über 200 Metern Höhe der Klassiker der guten Aussicht. Pro Stunde dreht sich der Laden einmal um sich selbst, damit Sie nichts verpassen. Eintrittspreis und Tischreservierung lassen sich kombinieren, zum Beispiel zum INSIDER TIPP Frühstück am Wochenende und Eintritt ohne Warten für 38,50 Euro.

➔ SPHERE

Mitte | **www.tv-turm.de | tgl. 10–23 Uhr, Küchenschluss 22 Uhr | Panoramastr. 1 a | Tel. 030 247 57 58 75**

ÜBER DEN DÄCHERN DER CITY-WEST

Dass das Neni ganz schön abgehoben ist, liegt weniger an seiner international-durchmischten Küche mit persischen, russischen, arabischen, israelischen und österreichischen Einflüssen, sondern mehr an der Lage. Auf dem Dach des 25hours Hotel Bikini liegt Ihnen die Stadt zu Füßen (oder zumindest dessen westlicher Teil). Wenn Sie zur Generation Unentschlossen gehören, ist das INSIDER TIPP »Best of Neni« etwas für Sie, das für 38 Euro einmal quer durch die Speisekarte führt.

➔ NENI

€€€ | Charlottenburg | **www.neniberlin.de | Mo–Fr 12–23 Uhr, Sa, So 12.30–23 Uhr | Budapester Str. 40 | Tel. 030 1 20 22 12 00**

Heavy Rotation
Rundumblick im Sphere

ÜBERRASCHUNG!

Von der Landsberger Allee erwartet man nicht sehr viel, weder kulinarisch noch aussichtstechnisch. Doch das Sky Kitchen bietet beides, was auch die langen Wartezeiten beweisen, die einer Reservierung vorausgehen. Serviert wird moderne Berliner Küche mit internationalem Einschlag. Am Wochenende gibt es zur Kaffeezeit so viel Edelkaffee, wie ihr Herz verkraftet, und Apfeltarte für 9,90 Euro.

➔ SKY KITCHEN

€€€ | Lichtenberg | **www.skykitchen.berlin** | **Di–Sa 18–23, Kaffeezeit Sa, So 14–18 Uhr** | **Landsberger Allee 106** | **Tel. 030 45 30 53 26 20**

TAG ÜBERM MEER

Falls ein Häusermeer als Meer durchgeht, ist der Klunkerkranich die perfekte Strandbar. Zwischen Kräutergarten und gezimmertem Tresen sitzt man auf Holzplanken, trinkt Kaffee oder Cocktails und schaut auf die Stadt unter einem. Wen der Hunger plagt, bekommt Frühstück oder Pasta. Nur finden muss man die Bar, die sich auf dem Dach der Neukölln-Arcaden versteckt hat.

➔ KLUNKERKRANICH

Neukölln | **www.klunkerkranich.de** | **Mi–Fr ab 16, Sa, So ab 12 Uhr (Achtung: individuelle Winterpause, s. Website)** | **Karl-Marx-Str. 66, Zugang Parkdeck**

WEITSICHTIG

Nicht jeder Student hat beim Mittagessen eine so gute Sicht wie die der Technischen Universität. Im 20. Stock des Telefunken-Hochhauses gibt es zwar keine kulinarischen Überraschungen (Mensa halt). Dafür ist die Aussicht umso besser. Unten am Haus ist kein Schild: einfach den Aufzug nehmen!

➔ CAFETERIA SKYLINE TU

Charlottenburg | **www.studentenwerk-berlin.de** | **Mo–Fr 7.30–16 Uhr** | **warme Küche 11.30–14.30 Uhr** | **Ernst- Reuter-Platz 7** | **Tel. 030 939 39 77 80**

Bitte wenden!

So kann man Berlin auch sehen!

AUS SICHT DER ANDEREN

Nach welchen Kriterien suchen Obdachlose ihre Schlafplätze aus, und warum schnorren die meisten lieber mit einem Becher statt mit der Hand? Wenn Wohnungslose durch ihre Kieze führen, finden Sie nicht nur Antworten darauf, sondern bekommen auch einen anderen Blick auf Berlin. Alternativ gibt es Führungen mit Geflüchteten, die von ihrer Ankunft und den Herausforderungen des Flüchtlingslebens erzählen.

➔ QUERSTADTEIN – BERLIN ANDERS SEHEN
Mitte/Charlottenburg/Neukölln | www.querstadtein.org | Ticket 13 Euro | Tel. 030 24 33 94 42

OHNE DACH IM UNTERGRUND

Die Wahrheit ist: Es ist keine richtige U-Bahn ohne Dach, sondern ein schlichtes, offenes Schienenfahrzeug mit ein paar Klappsitzen. Doch mit diesem zwei Stunden durch die U-Bahn-Tunnel der Stadt zu cruisen und sich deren Bauweise, Signaltechnik und Geisterbahnhöfe erklären zu lassen, lohnt in jedem Fall. Die begehrten Karten (50 €) können Sie online reservieren. Ab 18 Jahre; es gilt Helmpflicht.

➔ U-BAHN-CABRIO-TOUR
Start/Ziel: U-Bahn Deutsche Oper | www.bvg.de | April–Okt. Fr 19 u. 22.30 Uhr | Tel. 030 25 62 52 56

THIS SIDE UP!

IM FREIEN FALL

Vom Dach auf der 40. Etage des Park Inn Hotels am Alexanderplatz sieht Berlin ganz schön mickrig aus. Schauen Sie sich in Ruhe um, bevor es beim Base Flying für Sie wieder in die Tiefe geht – und zwar 125 Meter fast im freien Fall. Ähnlich wie beim Bungee-Jumping hält Sie eine Sicherung und bremst, bevor es ernst wird (ab 16 Jahren, ab 50 €). Termine gibt es auch am Abend: INSIDER TIPP Base-Flying by Night ist jeden Freitag bis 23 Uhr.

BASE FLYING
Mitte | www.base-flying.de | Mai–Okt. Fr 15–23, Sa 12–21, So 11–17 Uhr | Alexanderplatz 7 | Tel. 089 70 80 90 10

DA BRAUT SICH WAS ZUSAMMEN

Berlin von unten bietet U-Bahnschächte, Kabel und Rohre – und riesige Brauerei-Kellergewölbe. Die der stillgelegten Kindl-Brauerei in Neukölln sind mittlerweile in Rente, aber immer noch spannend anzusehen. Durch sie führt der Verein Berliner Unterwelten und lädt im Anschluss zur Verkostung eines Glases »Rollberger« – ein Craft Beer, das heute auf dem Gelände gebraut wird. Für alle über 18 mit festem Schuhwerk und Taschenlampe.

UNTERWELTEN
Neukölln | www.berliner-unterwelten.de | Sa 17 Uhr | Werbellinstr. 50/Am Sudhaus 3

MIT FLOSS VIEL LOS

Dass eine Reise mit dem Floß die eigene Perspektive zurechtrückt, wusste schon Huckleberry Finn. Sie reisen auf dem Holzboot vom Treptower Park Richtung Müggelsee und zurück und bemerken dabei, wie hübsch Ober- und Niederschöneweide mit ihrer Industriearchitektur eigentlich sind. Verschiedene Touren ab fünf Leute und 110 Euro.

FLOSS UND LOS
Köpenick | www.flossundlos.de | Seebad Friedrichshagen | Müggelseedamm 216 | Tel. 030 6 45 57 56
Treptow | Klipper Berlin | Bulgarische Str. 5 | Tipi-Flöße im Treptower Park

SONNEN-PLÄTZE

HINTERHOF, EINMAL ANDERS

Den lauschigen Innenhof des ehemaligen Stiftkrankenhauses Bethanien würde man überall vermuten, nur nicht im wuseligen Kreuzberg. Unter zwitschernden Vögeln und raschelndem Blätterdach gibt es deutsche Küche mit mediterraner Note, bei der Wert auf Saisonalität und Regionalität gelegt wird. Falls das Wetter umschlägt, bietet der historische Kreuzgewölbesaal im ältesten Gebäude Kreuzbergs eine sehenswerte Alternative.

➔ DREI SCHWESTERN

Kreuzberg | **www.3schwestern.com** | **Mo–Fr ab 12, Sa, So ab 11 Uhr** | **Mariannenplatz 2** | **Tel. 030 60 03 18 600**

AM KANAL

Ja, auch der Gastraum mit dem Kronleuchter und den weiß getünchten Backsteinwänden ist wunderbar. Aber am schönsten sitzt es sich doch draußen auf der Terrasse, wo Sie auf den träge dahinfließenden Landwehrkanal schauen können, während Ihnen Küchenchef Nicolas Gemin Leckereien wie Lamm mit Topinambur, Zander mit Romanesco oder Polenta mit Knollenziest zaubert.

➔ SPINDLER

€€€ | Kreuzberg | **www.spindler-berlin.com** | **Restaurant tgl. ab 18.30, Café Mo–Fr 9–16, Sa, So Brunch 10–16** | **Paul-Lincke-Ufer 43** | **Tel. 030 69 59 88 80**

WEDDINGER GARTENPARADIES

Ein Name verpflichtet, daher musste sich an der Weddinger Ruheplatzstraße einfach eine grüne Oase im Häusermeer etablieren, völlig klar. Auf einer ehemaligen Brache haben Nachbarn rund 300 Hochbeete aufgebaut, in denen nun Obst und Gemüse wachsen. Daraus kreiert das Café-Team leckere Salate, Suppen und Kuchen, die Sie zwischen den Beeten sitzend verspeisen. Dazu gibt es Fair-Trade-Kaffee, Biolimonade und selbst gebackenes Brot.

➔ HIMMELBEET

Wedding | **www.himmelbeet.de** | **April–Okt. Di 12–20, Mi–So 10–20 Uhr** | **Ruheplatzstr. 12** | **Tel. 0162 298 72 05**

Kurz-
urlaub
bei den Drei
Schwestern

Ahoi, Matrose

Im Deckshaus gibt's natürlich auch Fisch & Co

TIER- TRIFFT BIERGARTEN

Während Ihnen unter den Bäumen des Tiergartens Merguez, Gnocchi an Bärlauch oder Couscous-Salat schmecken, können Sie den Ausflugsdampfern auf dem Landwehrkanal beim Schleusen zuschauen. Das wissen viele zu schätzen, weshalb bei gutem Wetter das Anstehen vor der Getränke- und Essensausgabe zum Besuchserlebnis dazugehört. Aber wer wird sich bei so schönem Biergartenwetter schon stressen lassen?

➔ SCHLEUSENKRUG

Tiergarten | **www.schleusenkrug.de** | **April–Okt. tgl. 11–23, Nov.–März Mo–Fr 11–18, Sa, So 10–18 Uhr** | **Müller-Breslau-Str./Tiergartenschleuse** | **Tel. 030 313 99 09**

ALLE MANN AN DECK

Der betagte Heckradschlepper »Jeseniky« hat schon über 60 Jahre auf dem Buckel, doch zum Glück wollen Sie auf ihm nicht die Welt umsegeln, sondern nur lecker essen. Und das ist sehr gut möglich. Mit Blick auf die Fischerinsel und diverse Botschaften lassen Sie sich im historischen Hafen an Deck warme Sprotten, Matjes, Buletten, Bier und Kaffee munden. Urig wie gemütlich, mit einem Hauch von großer, weiter Welt.

➔ DECKSHAUS

Mitte | **www.deckshaus.de** | **Sommer: tgl. ab 12 Uhr, Winter: auf Anfrage** | **Märkisches Ufer 1, Ecke Fischerinsel** | **Tel. 030 21 79 14 04**

IM BAMBUSGARTEN

Bei gutem Wetter wird im fünften Stock des The-Mandala-Hotels einfach das Glasdach zur Seite geschoben – et voilà, Sie dinieren open air. Dass Sie hier direkt am Potsdamer Platz sitzen, erscheint angesichts des Bambusgartens vor den Panoramafenstern geradezu absurd. Ach ja, Essen gibt es auch. Doppelt Michelin-besternt zaubert Küchenchef Michael Kempf etwa Etouffe-Taube oder Seezunge.

➔ FACIL

€€€ | Tiergarten | **www.facil.de** | **Mo–Fr 12–15 u. ab 19 Uhr** | **Potsdamer Str. 3** | **Tel. 030 590 05 12 34**

WINTER-HÖHLEN

Essen, wo andere den Kachelofen anheizen

RUSSISCHE GEMÜTLICHKEIT

Yippee, endlich Winter! Denn erst dann wird es im Gorki Park richtig gemütlich. Wenn es draußen frostig ist, schmecken die hausgemachten Pelmeni-Teigtaschen und die traditionellen Blinis (z. B. mit Spinat oder Lachs gefüllte Pfannkuchen) erst richtig gut. Die 70er-Jahre-Tapete, die hölzerne Bar und die Oma-Gedächtnis-Bilderrahmen an den Wänden machen die Heimeligkeit in dem nach dem zentralen Park in Moskau (ja, der aus »Der Meister und Margarita«) benannten Laden perfekt.

➔ GORKI PARK

Mitte | **www.gorki-park.de | So–Do 8–1, Küche bis 23, Fr, Sa 8–3, Küche bis 24 Uhr | Weinbergsweg 25 | Tel. 030 4 48 72 86**

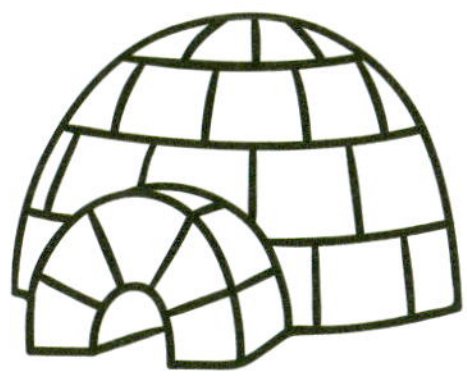

THE BREAKFAST CLUB

Was ist heimeliger, als auf dem Ledersofa unter der Blumentapete das Frühstück bis in die Abendstunden zu ziehen? Eben. Wie praktisch, dass sich das aus Tel Aviv nach Berlin rübergemachte, stylischschöne Restaurant auf die wichtigste Mahlzeit des Tages spezialisiert hat und sie folglich den ganzen Tag serviert. Und nachts. Was auch immer rund um den Erdball als Frühstück gilt, hier steht es auf der Karte, sogar Eisbein und Frühstückssalat.

➔ BENEDICT

Wilmersdorf | **www.benedict-breakfast.de | durchgehend geöffnet | Uhlandstraße 49 | Tel. 030 99 404 09 97**

PIZZA-EXIL

Feuer gemacht wird hier nicht nur im Pizza-Ofen, sondern auch im schön mit Holzscheiten bestapelten Kamin. Weitere Gemütlichkeitsfaktoren sind die rot-weißen Karo-Tischdecken, der Holzfußboden und natürlich das Essen wie bei *la mamma!* Ob Fisch-Carpaccio, Pizza Funghi oder Linguine mit Garnelen, *i due emigranti* – die beiden namengebenden Auswanderer – wissen, was Sie tun: Nämlich seit über 30 Jahren gehobene, italienische Küche zelebrieren.

➔ I DUE EMIGRANTI

Schöneberg | **Mo–Sa 16–24, So 11–24 Uhr** | **Belziger Str. 38** | **Tel. 030 7 82 63 26**

EINE RUNDE KAMINFEUER

Die Wände sind holzvertäfelt, im 360-Grad-Rundkamin knistert das Feuer und vor den Fenstern treiben auf der Spree die Eisschollen Richtung Kanzleramt. Wenn Sie zudem noch bayerische Küche und frisch gezapftes bayerisches Bier mögen, ist Ihr Winter hiermit gerettet. Und für den Sommer merken Sie sich vor, dass es sich auf der Terrasse mit Spreeblick auch sehr schön sitzt.

➔ ZOLLPACKHOF

Tiergarten | **www.zollpackhof.de** | **tgl. 10–24 Uhr** | **Elisabeth-Abegg-Str. 1** | **Tel. 030 33 09 97 20**

BERLIN IS DOCH 'N DORF

In Rixdorf hat sich Neukölln als Dorf verkleidet. Nach einem Winterspaziergang über den Dorfanger, heute Richardplatz genannt, können Sie sich in dem gemütlichen Café zu einer Runde Brettspiele niederlassen. Die Speisen sind günstig, aber trotzdem gut. Die Öffnungszeiten nimmt der Besitzer übrigens nicht so eng: Wenn Sie etwas später einkehren wollen, rufen Sie vorher einfach an.

➔ MAL SO MAL SO

Neukölln | **www.malso-malso.de** | **Di–Fr 12–20, Sa, So 10–20 Uhr** | **Böhmische Str. 14** | **Tel. 030 53 08 08 29**

AM ECK

Für diesen Laden wurde der Name Eckkneipe erfunden. Seit über 100 Jahren hält die Henne ihre Stellung. Selbst die Mauer, die einst fünf Meter vor ihrer Haustür verlief, konnte ihr nichts anhaben. In der urigen Stube (nur echt mit Geweihen an den Wänden) bestellen Sie natürlich die Spezialität des Hauses: das krosse, halbe Jungmasthähnchen mit hausgemachtem Kartoffel- und Krautsalat. Alternativ gibt es Knacker oder Bulette und zum Nachtisch Schokopudding.

➔ HENNE

Kreuzberg | **www. henne-berlin.de** | **Di–So ab 17 Uhr** | **Leuschnerdamm 25** | **Tel. 030 6 14 77 30**

IRGENDWIE SCHRÄG

Wer hat sich sowas bloß ausgedacht?

FISCH IN DOSEN

Der gemeinen Ölsardine aus der Dose eine eigene Bar widmen? Ja, warum denn nicht? Ist schließlich Berlin hier, da ist alles möglich. Die über 70 Sardinensorten (darunter Jahrgangssardinen – 2011 soll gut schmecken), Makrelen oder Thunfisch kommen »frisch aus der hochwertigen Konservendose«, sagen die Macher. Na dann! Serviert werden die Fischlein in der Dose auf einem Holzbrett, angereichert mit Salat, Ciabatta und auf Wunsch einem Glas Wein.

SARDINEN-BAR

Schöneberg | **www.sardinen.bar** | **Mo–Fr 16–23.30, Sa 12–23.30 Uhr** | **Grunewaldstr. 79** | **Tel. 030 58 84 41 70**

Bunt & ölig
Die Sardinen-Bar ist ein ziemlich bunter Hund

Blumig

Nicht nur der Kaffee duftet im Blumencafé

HEUTE BLEIBT DIE KÜCHE KALT

Warum sollte man sich die Mühe machen und sein Essen kochen, wenn man es auch roh essen kann? Falls Sie sich diese Frage ebenfalls stellen oder gar zur besonderen Spezies der die Erwärmung über 40 Grad ablehnenden Rohköstler gehören, sind die ausgebufften Kreationen genau Ihr Ding. Die Pizza wird aus Buchweizen und Cashew-Käse gebaut, die »Tex Mex Bowl« kombiniert Pastinaken-Reis mit Avocado. Und bevor Sie fragen: Vegan ist das Essen ganz nebenbei natürlich auch.

➔ RAWTASTIC

Prenzlauer Berg | **www.rawtastic.de | So–Do 12–22, Fr, Sa 12–22.30 Uhr | Danziger Str. 16 | Tel. 0172 4 39 12 87**

FÜR VERSUCHSKANINCHEN

Craft Beer? Laaaangweilig! Ungarisches Craft Beer? Okay, erzähl' mehr. Ungarisches Craft Beer, das in Laboratmosphäre von Menschen in weißen Kitteln in Erlenmeyerkolben ausgeschenkt wird? Was zur Hölle?! Tja, in Budapest funktioniert dieses Barkonzept seit Jahren sehr gut, und nun wird das auch in Berlin durchgezogen. Möge die richtige Mischung aller Elemente mit euch sein!

➔ LABOR BERLIN

Friedrichshain | **www.facebook.com/LaborBerlin KraftBeerBar | tgl. ab 17 Uhr | Gärtnerstr. 15 | Tel. 030 66 30 85 23**

KATZEN-CONTENT

Auf der Suche nach ein bisschen Entspannung in dieser hektischen Großstadt kommen die Leute auf die absurdesten Ideen. Zum Beispiel, ein Café mit Kaffee, Kuchen und Katzen zu eröffnen. Pelle und Caruso landen natürlich nicht in Ihrem Bauch, sondern höchstens darauf, damit Sie sie streicheln und dabei selbst zur Ruhe kommen können. Schmusen ist ausdrücklich erlaubt, sagt die Hausordnung. Am Schwanz ziehen und füttern müssen Sie sich aber verkneifen.

➔ PEE PEES KATZEN-CAFÉ

Neukölln | **www.peepeeskatzencafe.de | Di–Fr 13–18, Sa, So 12–18 Uhr | Thomasstr. 53 | Tel. 030 68 08 66 00**

DER OHNEFLEISCHER

Zu den Dingen, die man neben einem schwarzen Schimmel und dem stummen Schrei zur rhetorischen Besonderheit namens Oxymoron zählen würde, gehört der vegetarische Metzger. Aber siehe da: Es gibt ihn wirklich! Der Fleischersatz wird aus Hülsenfrüchten wie Lupinen hergestellt und hat aus den Niederlanden seinen Weg in die Fleischfreien-Hauptstadt gefunden. Im Bistro direkt vor Ort probieren können Sie Schawarma, Currywurst oder Fleischbällchen.

➔ DER VEGETARISCHE METZGER

Kreuzberg | **www.der-vegetarische-metzger.de | Mo–Sa 11.30–22, So 13–20 Uhr | Bergmannstr. 1 | Tel. 030 22 47 98 37**

IM PAPAGEIEN-GARTEN

Die richtige Adresse für alle, die ihren Kuchen gerne zwischen Palmen und Blumengestecken einnehmen. Möglich macht das die Kombination aus Café und Blumenladen, zu dem übrigens auch zwei Papageien gehören: die Brüder Arno und Charly. Damit die Erde so entspannt bleibt, wie Sie es gerade sind, werden für Kuchen und Sandwiches ökologisch produzierte Zutaten verwendet.

➔ BLUMENCAFÉ

Prenzlauer Berg | **www.blumencafe-berlin.de | tgl. 10–18 Uhr | Schönhauser Allee 127 a | Tel. 030 44 73 42 26**

HAT STIL

In diesem Ambiente schmeckt's gleich besser

APOTHEKEN-UPCYCLING

Nur weil in der historischen Apotheke am Oranienplatz eine Café-Bar residiert, ist das noch lange kein Grund, die hölzerne Einrichtung mit ihren tausend Schubladen, Ablagen und Kabinetts zu entsorgen. Nun lässt sich im alten Ambiente samt Steinfußboden hervorragend frühstücken oder hausgemachtes Sauerteigbrot mit Pastrami verspeisen. Ein paar einfache Gerichte wie Suppe oder dicke Bohnen mit roter Beete gibt es auch. Regional, saisonal und bio ist alles obendrein.

➔ ORA

Kreuzberg | **www.ora-berlin.de** | **Mo–Fr ab 12, Sa, So ab 9.30 Uhr** | **Oranienplatz 14**

UNTER TAGE

Als Szenerestaurant reicht es nicht, einen gut versteckten Eingang (unter den S-Bahnbögen die Eisentür mit der Nr. 11) samt Türsteher (nur mit Reservierung, keine Jogging-Outfits, bitte) zu haben. Dazu gehört auch, dass der Gastraum schwarz, fensterlos und dank Testbild-Tapete dennoch unfassbar stylish ist. Das Essen im Hinterzimmer der Bar Tausend ist modern mit einem Hauch Asien.

➔ CANTINA

€€€ | Mitte | **www.tausendberlin.com** | **Di–Sa ab 19.30 Uhr** | **Schiffbauerdamm 11** | **Tel. 030 27 58 20 70**

EIN KESSEL BUNTES

Zugegebenermaßen lenkt das schrille Pop-Art-Design des Nhow-Hotelrestaurants am Osthafen erst mal vom Essen ab. Aber wenn sich das Auge an den bunten Stilmix des Designers Karim Rashid gewöhnt hat, kommen Hummerravioli, Filet vom Winterkabeljau oder getrüffelte Brust vom Schwarzfederhuhn zu ihrem Recht. Chefkoch Patrick Rexhausen versteht es eben, die Gäste zu verwöhnen. Das hat zwar seinen Preis. Dafür gibt es die Aussicht auf Oberbaumbrücke und Spree gratis dazu.

➔ FABRICS

€€€ | Friedrichshain | **www.nhow-hotels.com** | **Frühstück Mo–Fr 6.30–10.30, Sa, So 6.30–12, Dinner Mo–Sa 18–23 Uhr** | **Stralauer Allee 3** | **Tel. 030 29 02 99 41 07**

CHARMANTE INDUSTRIE

Zweiter Hinterhof, alte Likör-Destillerie, gekachelte Wände, hohe Decken und eine der rustikal-industriecharmanten Einrichtungen, die sich gut mit gehobener Küche verträgt. Das ist das Eins 44, Untertitel Kantine Neukölln, die natürlich alles ist, nur keine Kantine. Die französisch inspirierten Gerichte werden zu Gängen zusammengestellt, von denen drei 46, sechs 73 Euro kosten.

➔ EINS 44

€€€ | Neukölln | **www.eins44.com** | **Di–Fr 12.30–14.30 (Lunch), Di–Sa 19–24, Küche bis 22.30 Uhr** | **Elbestr. 28/29** | **Tel. 030 62 98 12 12**

Alltag light

House of Small Wonder – Understatement à la Brooklyn

HIPSTER MIT ZEIT

Ein weiterer Beweis, dass Szeneläden sich auf Interior Design verstehen. An die Geschichte als Josty-Brauerei erinnern noch die Backsteinwände. Die Stühle dazwischen passen mit Absicht nicht zueinander; an den Wänden hängt Allerlei von Berliner Flohmärkten. Und das Essen? Ist Slowfood. Klassiker hier ist das zwölf Stunden gegarte Candy on Bone, serviert mit Zitronen-Knoblauch-Joghurt und ab zwei Personen.

KATZ ORANGE

Mitte | **www.katzorange.com** | **tgl. ab 18 Uhr** | **Bergstr. 22** | **Tel. 030 9 83 20 84 30**

ASIATISCHES NEW YORK

Ist das ein Gewächshaus? Eine Kathedrale? Oder doch eine asiatische Tempelanlage? Sicher ist nur: Dieser Innenarchitekt wusste, was er tat, als er der asiatischen Küche mit amerikanischem Einschlag (oder umgekehrt) ein Berliner Zuhause schuf. Im New Yorker Stadtteil Brooklyn konnte er dafür schon mal üben – da kommen die Urheber der hier gereichten ›kleinen Wunder‹ in Form von Frühstück, Sandwiches und Snacks ursprünglich her.

HOUSE OF SMALL WONDER

Mitte | **www.houseofsmallwonder.de** | **tgl. 9–17 Uhr** | **Johannisstr. 20** | **Tel. 030 27 58 28 77**

BIKINI
BERLIN

DIE JAHRESZEITEN IM STADTVIERTEL-CHECK

Charlottenburg

1 Frühling

WO DIE WEIDEN KEINE TRAUER MEHR TRAGEN

Trauerweiden beim Aufblühen zusehen: Mehr Frühlingsgefühl geht nicht. Am Lietzenseepark lässt sich das mit einer entspannten Runde um den See verbinden. Den Zwischenstopp zum Fototermin an der malerischen Kaskade nicht vergessen.

➔ LIETZENSEEPARK

lietzenseepark.de

2 Sommer

DURCHLAUCHTS GARTEN

Versailler Gartenkunst bewundern, ohne bis Paris zu müssen? Voilà: Schlossgarten Charlottenburg! Hier können Sie zwischen Blümchen und Fontäne lustwandelnd die Sonne genießen und bei den regelmäßigen Führungen Tipps für die Balkonbepflanzung einsammeln.

➔ FÜHRUNGEN IM SCHLOSSGARTEN CHARLOTTENBURG

www.spsg.de | Termine s. Website | Eintritt frei, Führungen 6 Euro | Schlossgarten Charlottenburg | Spandauer Damm 10–22

3 Herbst

SCHAU, FOTOSCHAU!

Endlich Zeit, mit gutem Gewissen zu den Indoor-Aktivitäten überzugehen, und im C/O Berlin gibt es garantiert gerade eine neue Foto-Ausstellung, die den Besuch lohnt. Die 1950er-Jahre-Architektur des Amerika-Hauses wird auch nicht langweilig.

➔ C/O BERLIN

www.co-berlin.org | tgl. 11–20 Uhr | 10 Euro | Amerika-Haus an der Hardenbergstr. 22 | Tel. 030 2 84 44 16 62

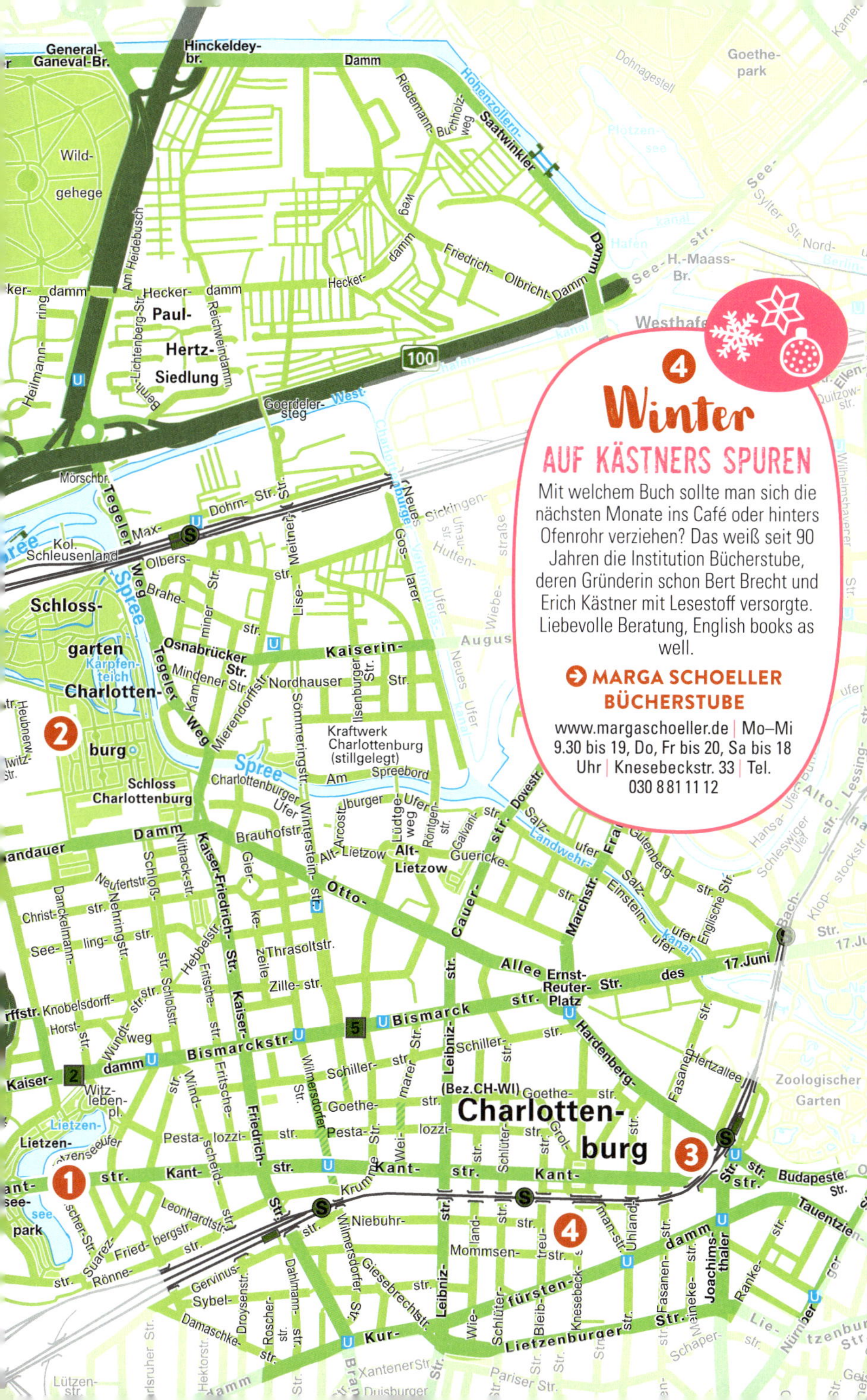

4 Winter

AUF KÄSTNERS SPUREN

Mit welchem Buch sollte man sich die nächsten Monate ins Café oder hinters Ofenrohr verziehen? Das weiß seit 90 Jahren die Institution Bücherstube, deren Gründerin schon Bert Brecht und Erich Kästner mit Lesestoff versorgte. Liebevolle Beratung, English books as well.

➔ MARGA SCHOELLER BÜCHERSTUBE

www.margaschoeller.de | Mo–Mi 9.30 bis 19, Do, Fr bis 20, Sa bis 18 Uhr | Knesebeckstr. 33 | Tel. 030 8 81 11 12

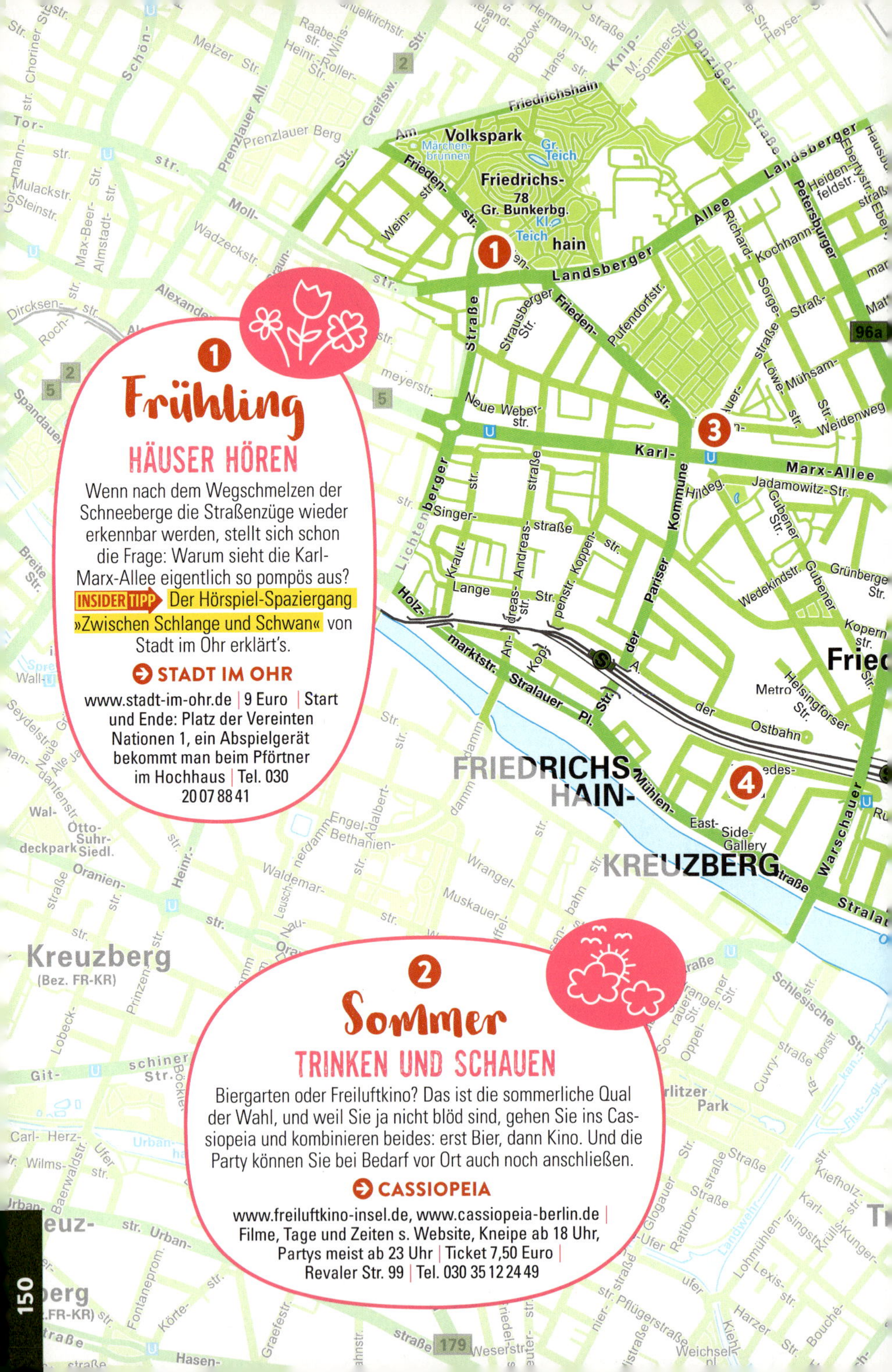

1 Frühling

HÄUSER HÖREN

Wenn nach dem Wegschmelzen der Schneeberge die Straßenzüge wieder erkennbar werden, stellt sich schon die Frage: Warum sieht die Karl-Marx-Allee eigentlich so pompös aus? **INSIDER TIPP** Der Hörspiel-Spaziergang »Zwischen Schlange und Schwan« von Stadt im Ohr erklärt's.

➔ STADT IM OHR

www.stadt-im-ohr.de | 9 Euro | Start und Ende: Platz der Vereinten Nationen 1, ein Abspielgerät bekommt man beim Pförtner im Hochhaus | Tel. 030 20 07 88 41

2 Sommer

TRINKEN UND SCHAUEN

Biergarten oder Freiluftkino? Das ist die sommerliche Qual der Wahl, und weil Sie ja nicht blöd sind, gehen Sie ins Cassiopeia und kombinieren beides: erst Bier, dann Kino. Und die Party können Sie bei Bedarf vor Ort auch noch anschließen.

➔ CASSIOPEIA

www.freiluftkino-insel.de, www.cassiopeia-berlin.de | Filme, Tage und Zeiten s. Website, Kneipe ab 18 Uhr, Partys meist ab 23 Uhr | Ticket 7,50 Euro | Revaler Str. 99 | Tel. 030 35 12 24 49

Friedrichshain

3

Herbst

LET'S ZOCK!

Der Draußen-Sommer ist vorbei, der Stubenhocker-Winter noch weit: Also gehen Sie raus und besuchen das Stubenhocker-Mekka, a.k.a.das Computerspielemuseum. Und ja, das da vor Ihnen ist tatsächlich ein alter Polyplay mit der DDR-Variante von Pacman.

➔ COMPUTERSPIELEMUSEUM

www.computerspielemuseum.de | tgl. 10–20 Uhr | 9 Euro | Karl-Marx-Allee 93a | Tel. 030 60 98 85 77

4

Winter

ICE ICE BABY

Wintersport? Ist eine schöne Sache und kann man ruhig Menschen überlassen, die sich damit auskennen. Wie den Eishockey-Champions von den Eisbären Berlin, die ihre Heimspiele in der Mercedes-Benz-Arena am Ostbahnhof austragen und sich über Ihren Besuch freuen.

➔ EISHOCKEY

www.eisbaeren.de | Spieltage und Preise s. Website | Mercedes-Benz-Arena | Mercedes-Platz 1

Kreuzberg

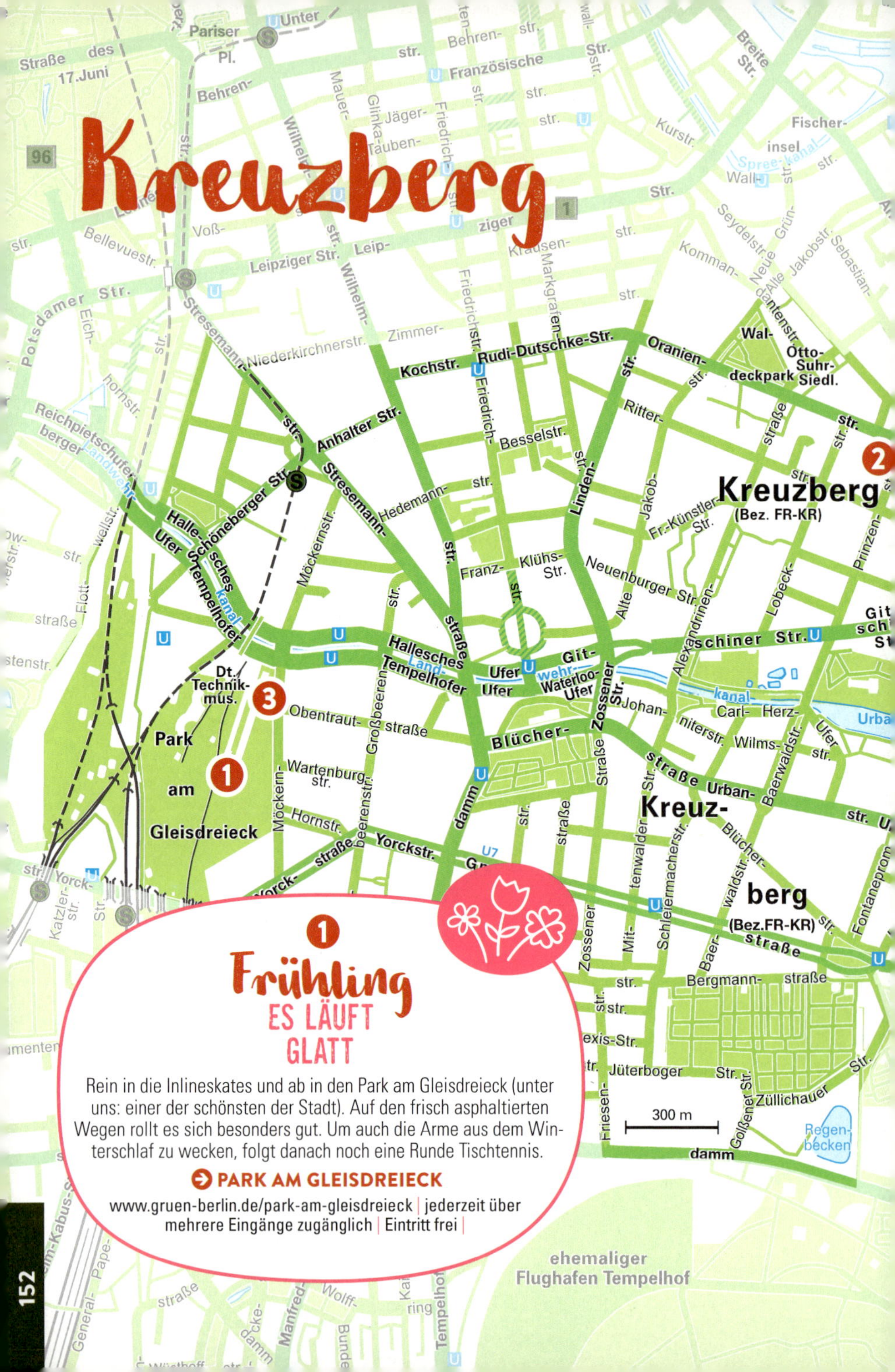

1

Frühling

ES LÄUFT GLATT

Rein in die Inlineskates und ab in den Park am Gleisdreieck (unter uns: einer der schönsten der Stadt). Auf den frisch asphaltierten Wegen rollt es sich besonders gut. Um auch die Arme aus dem Winterschlaf zu wecken, folgt danach noch eine Runde Tischtennis.

➔ PARK AM GLEISDREIECK

www.gruen-berlin.de/park-am-gleisdreieck | jederzeit über mehrere Eingänge zugänglich | Eintritt frei |

2

Sommer

ERNTEN, WAS MAN SÄT

Genug Betonwüste, Sie brauchen Grün! Zurück zur Natur geht es in den Prinzessinnengärten am Moritzplatz, wo Sie donnerstagnachmittags und samstagvormittags zur Gartenarbeit antanzen können.

➔ PRINZESSINNENGÄRTEN

www.prinzessinnengarten.net | April–Okt. tgl. 10–22 Uhr | Prinzenstr. 35–38 und Prinzessinnenstr. 15 | Tel. 0176 24 33 22 97

3

Herbst

WAS WISSEN SCHAFFT

Wo der Sommer schon wieder geblieben ist, ist die einzige Frage, die im Science Center Spectrum offenbleibt. Wissenschaft zum Anfassen und Ausprobieren lässt den Herbststurm draußen schnell vergessen.

➔ SCIENCE CENTER SPECTRUM

www.sdtb.de/spectrum | Di–Fr 9–17.30, Sa, So 10–18 Uhr | 8 Euro | Möckernstr. 26 | Tel. 030 90 25 42 84

4

Winter

VON NUN AN GEHT'S BERGAB

Der Görlitzer Park ist zwar mehr ein Handtuch als eine Grünfläche. Aber der Hügel eignet sich hervorragend, um ihn sieben- bis siebzigtausendmal mit dem Schlitten runterzubrettern. Die Strecke ist kurz, aber steil. So wie der ganze Park eben.

➔ SCHLITTENFAHREN IM GÖRLI

Haupteingang Skalitzer Str. 47

Mitte

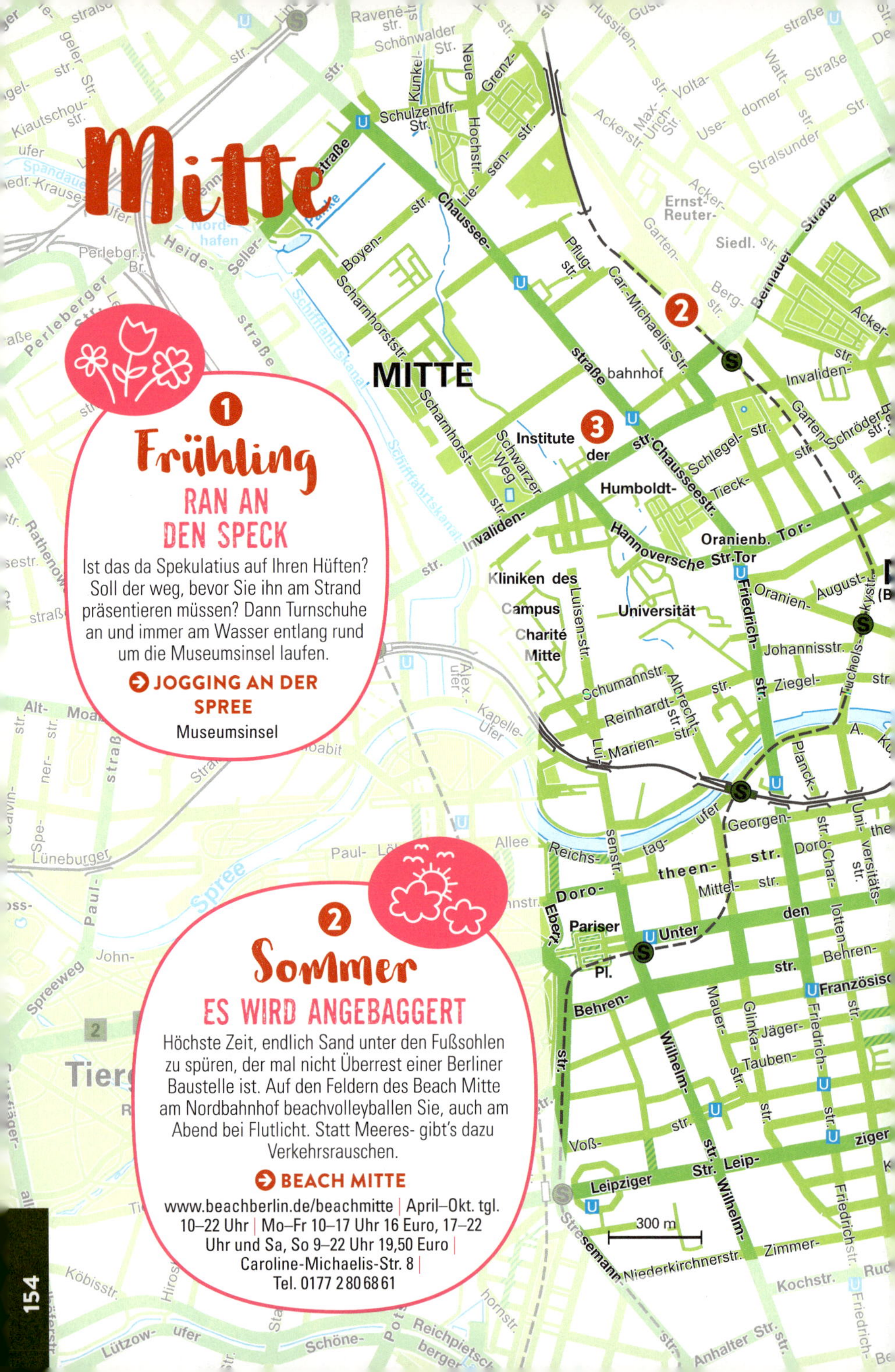

1 Frühling

RAN AN DEN SPECK

Ist das da Spekulatius auf Ihren Hüften? Soll der weg, bevor Sie ihn am Strand präsentieren müssen? Dann Turnschuhe an und immer am Wasser entlang rund um die Museumsinsel laufen.

→ JOGGING AN DER SPREE
Museumsinsel

2 Sommer

ES WIRD ANGEBAGGERT

Höchste Zeit, endlich Sand unter den Fußsohlen zu spüren, der mal nicht Überrest einer Berliner Baustelle ist. Auf den Feldern des Beach Mitte am Nordbahnhof beachvolleyballen Sie, auch am Abend bei Flutlicht. Statt Meeres- gibt's dazu Verkehrsrauschen.

→ BEACH MITTE
www.beachberlin.de/beachmitte | April–Okt. tgl. 10–22 Uhr | Mo–Fr 10–17 Uhr 16 Euro, 17–22 Uhr und Sa, So 9–22 Uhr 19,50 Euro | Caroline-Michaelis-Str. 8 | Tel. 0177 2806861

3

Herbst

NACHTS IM MUSEUM

Tür zu, Taschenlampe an, und jetzt gehören die Dinoskelette ganz Ihnen. Naja, und den anderen Teilnehmern der Taschenlampenführung, die nur zur dunklen Jahreszeit im Naturkundemuseum angeboten wird.

➔ NATURKUNDEMUSEUM

www.naturkundemuseum.berlin | Di–Fr 9.30–18, Sa, So 10–18 Uhr, genaue Termine auf der Website | Eintritt 8, Führung 15 Euro | Invalidenstr. 43 | Tel. 030 20938591

4

Winter

LIES MIR DOCH WAS VOR

Ein Glas Rotwein bitte, und dann gemütlich zurücklehnen und lauschen, INSIDER TIPP was die LSD-Lesebühnenautoren dieses Mal zusammengeschrieben haben. Die Abkürzung steht natürlich für »Liebe statt Drogen«, ist schließlich bald Weihnachten.

➔ LIEBE STATT DROGEN

www.liebestattdrogen.wordpress.com, www.schokoladen-mitte.de | Di 21.30 Uhr | 4 Euro | im Schokoladen an der Ackerstr. 169

Neukölln

1

Frühling

PAUSE IN GRÜN

Obstblüte, Teich mit Schilf und eine Gartenlaube namens Seelenparadies. Darauf mussten Sie jetzt lange genug verzichten, denn mit dem guten Wetter öffnet sich die Pforte zum Comenius-Garten wieder. Raus aus dem Großstadt-Neukölln, rein ins Grüne.

➔ COMENIUS-GARTEN

www.comenius-garten.de | Richardstr. 35 | Tel. 030 6 86 61 06

2

Sommer

HIP, HIPSTER, HURRA!

Die am Landwehrkanal-Abhäng-Saison ist eröffnet! Damit Sie dort nicht immer nur Bier trinken und in der Sonne liegen müssen, gibt es über den Sommer jeden zweiten Sonntag den Secondhand- und Kunstmarkt Nowkölln. So hip und international wie sein Name.

➔ NOWKÖLLN FLOWMARKT

www.nowkoelln.de | Termine s. Website | Maybachufer 31

3

Herbst

AB IN DIE OPER, DU OPFER!

Die einen nennen es Abschied vom Sommer, die anderen Beginn der Theatersaison. In der Neuköllner Oper gibt es Musiktheater, zu dem man nicht in Frack und Zylinder aufkreuzen muss. Und lustig ist es manchmal auch! Verrückt.

➔ NEUKÖLLNER OPER

www.neukoellneroper.de | Karl-Marx-Str. 131–133 | Ticket-Hotline 030 68 89 07 77 | Kasse Di–Fr und an Spieltagen 15–19 Uhr

4

Winter

GRIECHISCHES BAD

Hey, nicht einrosten! Nur weil das Wetter gerade nicht mitspielt, müssen Sie sich nicht gehen lassen, sondern schwimmen! Das Stadtbad Neukölln wartet mit seiner Griechenland-Gedächtnis-Architektur (Gewölbe! Säulen!) und Marmor-Dampfbad auf Sie.

➔ STADTBAD NEUKÖLLN

www.berlinerbaeder.de/baeder/stadtbad-neukoelln | Öffnungszeiten wechseln saisonal, Aktuelles s. Website | 5,50 Euro | Ganghofer Str. 3 | Tel. 030 22 19 00 11, 030 6 82 49 80

1 Frühling

BLÜTEN, WO FRÜHER MAUERN STANDEN

Warum zur Kirschblüte nach Japan reisen, wenn man dafür auch zum Mauerweg pilgern kann? Die **INSIDERTIPP** Allee der rosafarbenen Pracht kam als Geschenk zur Wiedervereinigung aus dem Land des Lächelns. So riecht der Frühling, und Ihren Instagram-Account freut's auch.

➔ MAUERWEG

2 Sommer

ROCK IM PARK

30 °C Außentemperatur haben nur Vorteile! Zum Beispiel, dass Sie beim sonntäglichen Freiluft-Karaoke im Mauerpark eine Sonnenbrille tragen können, sodass Sie niemand erkennt, wenn Sie mal den Ton nicht treffen.

➔ KARAOKE IM MAUERPARK

www.bearpitkaraoke.com, www.mauerpark.info | So ab 15 Uhr | Mauerpark

Prenzlauer Berg

4 Winter

AM HIMMEL, DA LEUCHTEN DIE STERNE

Geben Sie sich in der dunklen Jahreszeit nicht mit einem Licht zufrieden, etwa in der St-Martins-Laterne. Nehmen Sie gleich den ganzen Sternenhimmel! Im Zeiss-Großplanetarium wird der an die riesige Kuppel gezaubert. So schön!

➔ ZEISS-GROSS-PLANETARIUM

www.planetarium.berlin | Termine und Preise auf der Website | Prenzlauer Allee 80 | Tel. 030 42 18 45 10

3 Herbst

MIT SCHWUNG

Jetzt nur über die lange Regenzeit das Handycap nicht gefährden! Zum Glück lassen sich Abschlag, Chipping und Putting auch indoor trainieren, und – falls Sie neu hier sind und Lust auf noch mehr Golf-Vokabular haben – natürlich auch erlernen (vorher reservieren, ab 29 Euro/Stunde).

➔ GOLF STUDIO BERLIN

GOLF STUDIO BERLIN
www.golfstudio-berlin.de | tgl. 10–22 Uhr | Greifswalder Str. 88 | Tel. 030 43 77 04 77

1

Frühling

FRÜHLINGS-FELDTMARKT

Keine hochgezogenen Schultern mehr, kein Kleingeldsuchen mit Fäustlingen. Dafür Vogelgezwitscher und ein Belohnungskaffee samt Streuselkuchen in der Sonne, nachdem Sie den halben Winterfeldtmarkt leergekauft haben. Endlich!

➔ WOCHENMARKT AM WINTERFELDTPLATZ

Mi 8–14, Sa bis 16 Uhr | Winterfeldtplatz

Schöneberg & Friedenau

2 Sommer

ÜBER DEN DÄCHERN VON SCHÖNEBERG

Sie haben keine Höhenangst, oder? Dann nichts wie INSIDER TIPP rauf aufs Gasometer, das das nur im Sommer mit sich machen lässt. Es warten beste Aussicht und die Gewissheit, Günter Jauch aufs Dach gestiegen zu sein, der hier einst seine Talkshow aufzeichnete.

➔ GASOMETER

www.euref.de | Anfragen für die individuellen Führungen über gasometer1@gmail.com oder die Website, Termin und Preis je nach Gruppengröße | Torgauer Str. 12–15

3 Herbst

IST JA UNERHÖRT

Endlich Zeit, in Ruhe der Frage auf den Grund zu gehen, wie weißer Rotwein aussieht, einen Geduldsfaden zu betrachten oder das Rätsel der versteinerten Kartoffel zu lösen. Das alles wartet im Museum der unerhörten Dinge auf Sie –Sie müssen nur zuhören.

➔ MUSEUM DER UNERHÖRTEN DINGE

www.museumderunerhoertendinge.de | Mi–Fr 15–19 Uhr | Crellestr. 5–6 | Tel. 030 7 81 49 32, 0175 4 10 91 20

4 Winter

VON DER STRASSE GEHOLT

Street Art gibt es in Berlin genug. Aber fürs Bestaunen auf der Straße ist es gerade echt zu kalt. Zum Glück hat mit dem Museum for Urban Contemporary Art nun eine Indoor-Ausstellung der Straßenkunst eröffnet.

➔ MUSEUM FOR URBAN CONTEMPORARY ART

www.urban-nation.com | Di–Sa 10–18 Uhr | Bülowstr. 97 | Tel. 030 32 29 59 89

1 Frühling

KUNSTMARKTTAG

Ist das da am Himmel Sonne? Juchhu, dann ist endlich wieder Wedding-Markt-Saison! Der monatliche Kunst-Markt ist zurück auf dem Leopoldplatz und damit am Standort, wo 2012 alles begann. Für die genauen Termine checken Sie natürlich die Website.

➔ WEDDING-MARKT

www.wedding-markt.de | 1 x im Monat, jeweils 12–19 Uhr | Leopoldplatz | Eintritt frei

2 Sommer

WANNSEE, GO HOME!

Badehose eingepackt? Schwesterlein genommen? Na, dann nicht's wie raus zum … Plötzensee! Das Strandbad ist zwar nicht so bekannt wie sein Pendant am Wannsee, aber das hat nur Vorteile: mehr Platz für Sie!

➔ STRANDBAD PLÖTZENSEE

www.strandbad-ploetzensee.de | Mai–Sept. tgl. 9–19 Uhr | 5 Euro | Nordufer 26 | Tel. 0176 34 41 86 34, Tel. 030 89 64 47 87

Wedding

4 Winter

CINEASTENPLÜSCH

An der Kasse noch rasch eine frisch aufgebrühte Tasse Kaffee mitgenommen und dann gemeinsam mit der cineastischen Rentnergruppe in den rot beplüschten, historischen Kinosaal: Das Citykino weiß, wie man das Beste aus dem Winter rausholt.

➔ CITYKINO

www.citykinowedding.de | ab 7 Euro | Müllerstr. 74 | Tel. 01525 9687921

3 Herbst

THEATRALISCHE SOAP

Wird Uschis Bauchtanz-Bierbar ein Erfolg? Wer wird Vloggerin für die »Weddinger Abend-Tageszeitung« (WATZ)? Und was gibt es Neues von unseren Lieblings-Zwillingstürken Orkan und Taifun? Endlich Zeit (und Wetter), um sich in der weltweit einzigen Theater-Soap wieder auf Stand zu bringen!

➔ GUTES WEDDING, SCHLECHTES WEDDING

www.primetimetheater.de | s. Spielplan, Beginn immer 20.15 Uhr | Müllerstr. 163 | Tel. 030 49907958

Register

FSC
www.fsc.org
MIX
Paper from responsible sources
FSC® C015829

Impressum

16. Auflage 2019, Beste Stadt der Welt – Berlin 2019 (Cityguides)
© MAIRDUMONT, Ostfildern
Gesamtredaktionelle Betreuung: derschönstesatz (Lucia Rojas)
Lektorat: Ronit Jariv
Autorin: Juliane Wiedemeier
Autoren/Mitarbeit bis 14. Auflage – Berlin für Berliner (Cityguides): Juliane Wiedemeier, Christine Berger, Marcus Klose, Thomas Trappe, Phillip Wilke, Cornelia Wolter
Fotografen: Dagmar Schwelle, Oliver Wolff
Bildredaktion: Anja Schlatterer, Gabriele Forst
Kartografie Touren- und Stadtviertelkarten: © MAIRDUMONT, Ostfildern
Vermarktung: MAIRDUMONT MEDIA, media@mairdumont.com
Gestaltung Cover: Langenstein Communication GmbH, Ludwigsburg
Innengestaltung: Superherodesign, Stuttgart

Printed in Italy.

BILDNACHWEIS

Fotos: huber-images: S. Lubenow (98); mauritius images (112/113), N. Frei (123), haag+kropp (134 re.), A. Killian (88 o.), Schöttger (74); mauritius images/age fotostock: vedrosn (106); mauritius images/Alamy: AKP photos (125), D. Barba (132), S. Burford (46), S. Fesenko (7 u.), S. French (43), N. Kostenyukova (140), E. Lattes (19 u. li.), H. Sessions (24 o., 30), M. Tielemanns (92), W. Wiskerke (53), Zoonar (101, 110); mauritius images/artpartner (39, 73 o.); mauritius images/blendimages: Peathegee (24 u.); mauritius images/Caia Image: P. Bradbury (95); mauritius images/chromorange: B. Kägi (76); mauritius images/foodcollection (19 u. re., 35, 36, 45, 67, 102, 104); mauritius images/imagebroker: S. Belcher (23 u.), C. Brignell (82), M. Brunner (72), creativ studio heinemann (68), foodcollection (14), M. Hauser (10), O. Maksymenko (134 li.), M. Redmann (62), M. Weber (26), A.-S. Wittwer (81 u.); mauritius images/photononstop: C. Abad (59 u.); mauritius images/pixtal (20); mauritius images/Westend61: S. Kranfeld (109); mauritius images/weststudios (65); A. Schlatterer (70, 91); D. Schwelle (Klappe li. o., Klappe re. o., Klappe re. M., 7 o., 8, 11, 12, 15, 17, 18, 23 o., 31, 33, 34, 37, 38, 41, 51, 52, 54, 59 o., 60, 64, 66, 73 u., 75, 84, 87, 88 u., 97, 103, 105, 108, 111, 115, 117, 118, 121, 122, 129, 131, 133, 137, 138, 141, 142, 145); J. Wiedemeier (168); O. Wolff (Klappe u., 28, 48, 56, 81 o., 100, 126)

SCHREIBEN SIE UNS!

LIEBE LESERIN, LIEBER LESER
Wir setzen alles daran, Ihnen möglichst aktuelle Informationen zu geben. Dennoch schleichen sich manchmal Fehler ein – trotz gründlicher Recherche unserer Autoren/-innen.
Sie haben sicherlich Verständnis, dass der Verlag dafür keine Haftung übernehmen kann.
Wir freuen uns aber, wenn Sie uns schreiben:

Marco Polo Redaktion
MAIRDUMONT
Postfach 31 51
73751 Ostfildern,
info@marcopolo.de

Autorin

JULIANE WIEDEMEIER

Juliane Wiedemeier lebte schon in Neukölln, als dort das Bier noch nicht den Vornamen Craft trug und in Eckkneipen floss. Später hat sie in Prenzlauer Berg das Clubsterben überlebt und abgewartet, bis der benachbarte Wedding endlich hip wurde. Als freie Journalistin schreibt sie über solche Veränderungen – die nächste kommt bestimmt! – in Berlin und anderen Städten sowie über Medien.